Henry Hayman

Exercises in translation from English poetry into Greek and Latin verse

Henry Hayman

Exercises in translation from English poetry into Greek and Latin verse

ISBN/EAN: 9783337731458

Printed in Europe, USA, Canada, Australia, Japan

Cover: Foto ©ninafisch / pixelio.de

More available books at **www.hansebooks.com**

EXERCISES IN TRANSLATION

FROM

ENGLISH POETRY

INTO

GREEK AND LATIN VERSE.

1. GREEK EPIC HEXAMETERS.
2. GREEK IAMBICS.
3. LATIN ELEGIACS.
4. LATIN HEXAMETERS.
5. LATIN LYRICS.

BY HENRY HAYMAN, B.D.,

HEAD MASTER OF THE CHELTENHAM SCHOOL, AND LATE FELLOW OF
ST. JOHN'S COLLEGE, OXFORD.

LONDON:
DAVID NUTT, 270, STRAND.
MDCCCLXIV.

N.B.—These Exercises, for the convenience alike of teachers and students, may be had either with the translations and translated passages facing each other on opposite pages in the same volume; or the English wholly in a separate volume, and the Greek and Latin translations forming, if desired, a Tutor's Key by themselves.

ERRATA.

Page 5, line 39, *for* "Ϝεκαστῳ," *read* "Ϝεκάστῳ."

Page 13, line 62, *for* "Βορεῃ," *read* "Βορέῃ."

   „   „   „   "νησους," „ "νήσους."

Page 43, line 1, *for* "ἐβουλομην," *read* "ἐβουλόμην."

Page 45, line 9, *for* "εὐβοὐλων," *read* "εὐβούλων."

Page 49, line 4, *for* "ἐδύνατ'," *read* "ἐδύνατ'."

Page 56, add at end the following:—

"These pleasures, Melancholy, give,
    And I with thee will choose to live."

Page 143, line 6, *for* "stet pineus æquor," *read* "stent æquora pinis."

Page 179, line 7, *for* "Sesuper," *read* "Desuper."

Page 267, line 15, *for* "Œtas," *read* "Ætas."

Section II.

GREEK EPIC HEXAMETERS.

PASSAGES TRANSLATED FROM ENGLISH POETS

I.

(1) " This is my son, mine own Telemachus."—TENNYSON.

Υἱὸς ἄρ' οὗτος ἐμὸς, τὸν ἐγὼ πέρι κῆρι φίλησα,
σκῆπτρά τε Ϝοι δώσω φορέειν, νήσοιο Ϝανάσσειν,
Τηλέμαχος· μάλα γὰρ πεπνυμένος ἐστὶ τελέσσαι
εὖ καὶ ἐπισταμένως πόνον, ἀνδράσιν ἀγριοφώνοις
5 πρηΰνειν τε νόον χρόνῳ ὀψέ περ, ἠδὲ δαμάσσαι
ἦκα παρακλινθέντας ἐπ' αἴσιμα καὶ φρένας ἐσθλάς·
κείνου δ' οὔ τοι ἐγὼν ἐπιμέμφομαι· ἦ γὰρ ὀΐω
ἥμενον ἐν μέσσοις, ταμίην ὥς, αἴσιμα νεῖμαι,
ἐκτελέσαι θ' ἃ ϜέϜοικε μετ' ἀνδράσιν, ἠδὲ θεοῖσιν
10 ῥέξαι, ἐπεί κε θάνω, τοῖς δὴ τόδε δῶμα μέμηλεν.
κείνῳ γὰρ τὰ Ϝὰ Ϝέργα, ἐμοὶ δ' ἐμὰ Ϝεργάζεσθαι·
τῇδε μέν ἐστι λίμην· ἅμα δὲ πλησίστιος οὖρος,
καὶ περὶ χέρσῳ πόντος ἀπείριτος ἐστεφάνωται
πορφύρων· ὑμεῖς δ' ἕταροι, ἐπεὶ οὔ τι πάρος γε
15 ἐκτελέσαι κακοὶ ἦτε νόον Ϝέργον τε Ϝέπος τε,
μειλιχίως δὲ Διὸς ποτιδέγμενοι εἴ τε κέραυνον
εἴ τ' αἴθρην, μάλα δ' αἰὲν ἐλευθέρῳ ὄσσε καὶ ἦτορ
σχόντες· ἐγὼ μέν φημι γέροντ' ἐμὲ, φημὶ καὶ ὕμμε,
ἀλλ' οὐ πάγχυ γ' ἄϜεργον ἰδ' ἀκλεὲς ἔπλετο γῆρας.

20 πρὶν δ' ἥξειν θανάτοιο τέλος, τό γε πᾶσι τέτυκται,
δεῖ τελέσαι μέγα Γέργον ὅ χ' ἡμέων ἄξιον εἴη
οἳ πρίν γ' ἀθανάτοις εἰώθαμεν ἶφι* μάχεσθαι.
νῦν δ' ἄρ' ἀπ' ἠϊόνων πυρὰ φαίνεται, ἦλθε δ' ἔπ' ἦμαρ
δείελον, ἦκ' ἀνέβη δὲ σελήνη, καὶ πολυφήμου
25 ἀμφὶς ἀκουέμεν ἔστιν ἀγαστόνου Ἀμφιτρίτης.
εἰ δ' ἄγετ', οὐ γὰρ ἔτ' ὀψὲ λίην τόσον ἔπλετο καινὴν
γαῖαν ἐποψομένοις, ἐς πόντον βάλλεθ' ἑταῖροι
νῆα θοὴν, ὑμεῖς δ' εὖ ἐπὶ κληῖσιν ἕτοιμοι,
ἑξῆς ἑζόμενοι πολιὴν ἅλα τύπτετ' ἐρετμοῖς·
30 καὶ γὰρ ἐμοὶ νόος ἔσθ' ὑπὲρ Ὠκεάνοιο λόετρα
Γέσπερον ἐκπεράαν, εἵως κ' ἀπὸ θυμὸν ὀλέσσω.
τίς Γοῖδ' εἰ πελάγεσσιν ὑπόβρυχες ἐξαπόλοισθε,
ἠὲ καὶ εἰ μακάρων ποτὶ νήσους σχοῖτε μολόντες,
ὀφθαλμοῖσι Γιδέσθαι ἀμύμονα Πηλείωνα,
35 τόν τε πάλαι Γίδμεν; πολλοῦ γ' ἀπολωλότος ἀνδρῶν
πουλὺ λελείπται ὅμως· ἐπεὶ οὐ μένει ἔμπεδος ἡμῖν,
οἵη Γὶς πάρος ἔσκεν ἐνὶ γναμπτοῖσι μέλεσσιν,
οἵη που γαῖάν τε καὶ οὐρανὸν ἐστυφέλιξεν·
εἰμὲν δ' οἷαπέρ εἰμεν· ἐνὶ στήθεσφι Γεκάστῳ
40 τοῖον ἐνέστακται Γῖσον μένος ἡρώεσσιν,
γῆρας δ' αὖ δαμάᾳ στυγερὴ δέ τ' ἐπέχραεν αἶσα·
ἀλλὰ σιδήρεός ἐστι νόος τε καὶ ἔνδοθεν ἦτορ,
ζητεῖν τε, κρατέειν θ', εὑρεῖν τε καὶ οὐ κεκακῶσθαι.

* The digamma in this word appears to be inconstant in Homer's usage.
See Iliad I. 151, and comp. II. 720.

II.

(2) "To him replied the bold Sir Bedivere."—TENNYSON.

Τὸν δ' ἄρα θαρσήσας προσέφη θεράπων Ἐτεωνεύς·
" οὐχὶ FέFοικε, Fάναξ, σε φίλων ἄπο μοῦνον ἐόντα
ἔνθα λιπεῖν, δεινὸν δὲ κορὺς χάλκῳ δεδάϊκται·
καὶ γὰρ ῥ' ἕλκος ἔχων σμικρῷ μέγαλ' ἂν βλαφθείη.
5 πάντα δ' ἐγὼ μάλα σοι τελέσω νόον, ἠδὲ φυλάξω
ὅσσα Fίδω, καὶ ῥεῖ' ἀπελεύσομαι ἄγγελος αὖτις."
ἦ ῥα καὶ ἐκ νηοῖο καταστραφθέντος ὄρουσεν,
βῆ δὲ διὲξ αὐλῆς ὅθι σήματα φῆνε σελήνη,
ὀστέα δὲ φθιμένων τὸ πρίν γε πελώρια κεῖτο
10 ἡρώων· λιγὺ δ' αἰὲν ἐπὶ Ζέφυρος κελάδησεν
ποντόφιν, ὀκρυόεις δ' ἐπ' ἀφρὸς κέχυτ' ἤλιθα πουλύς.
αὐτὰρ ὅ γ' ἦλθ' ἂν' ὁδοὺς καταβὰς μάλα παιπαλοέσσας,
πολλὰ δ' ἐνὶ σπιλάδεσσι πάραντά τε δόχμιά τ' ἦλθεν,
εἰς ὅ κε μαρμαρέης ἐπὶ λίμνης ἤνυσε πόντον.

III.

(3) "Then went Sir Bedivere the second time."—TENNYSON.

Αὐτὰρ ὃ δεύτερον αὖτις ἴεν θεράπων Ἐτεωνεύς,
βῆ δ' ἀκέων, κνημὸν περάσας, παρὰ θῖνα θαλάσσης·
ψηφῖδας δ' ὅ γε μυδαλέας πεμπάζετ' ἐFέρσῃ
πολλάς, πολλὰ δέ Fοι κραδίη πόρφυρε κιόντι·
5 ἀλλ' ὅτε δὴ κώπην θηήσατο, θαῦμα Fιδέσθαι,
οἷον ἐπήσκητο χρυσῷ τ' ἐπικεκράαντο,

χερσί τε συμπλατάγησε, Ϝέπος τ' ἔφατ', ὤμωξέν τε·
" εἰ δ' ἄρ' ἀποπροέω ῥίψας ξίφος, ᾧ μοι ἔπειτά·
ἦ κεν ἀρίγνωτον μέγα τίμιον ἐσθλὸν ἄγαλμα
10 ὤλετ' ἄϜιστον ὀπίσσω ἐπὶ χθονὶ, καὶ πολέεσσι
θηήσασθαι καλόν. ἐπεὶ τί κρήγυον ἔσται
εἰ τό γε ῥεχθείη; τί δ' ἄρ' εἰ τό γε μὴ ῥεχθείη
πῆμ'; ἀλλ' αὐτό γε τοῦτο μέγιστον πῆμα Ϝάνακτι
μηδ' ἐθέλειν πείθεσθ', ἐπεὶ οὔ τί πω ἐστὶ Ϝανάσσειν
15 μηδέ γε πειθομένοισιν ἐπ' ἀνδράσιν. ἀλλὰ κελεύει
Ϝέργ' ἀσύφηλα Ϝάναξ Ϝοι δ' αὐτῷ πήματ'· ἐπεὶ τὸν
νοῦσος ἔχει κρατερὴ Ϝέργων δ' ἄρα κεῖται ἄϜιδρις.
τίς δ' ἄρ μνημοσύνη, τί δὲ τέκμωρ ἔσται ὀπίσσω
κοιράνου; ἐν δοιῇ δ' ἔσεται, κένα εὔγματα Ϝειπεῖν
20 ἢ κλέος ἐσθλὸν ἔχειν. εἰ δ' αὖ κειμήλιον εἴτ
τὸ ξίϟος ἐν μεγάροισι διοτρεφέων βασιλήων,
τῷ κ' ἄρα τις δείξει' ἐπ' ἀέθλῳ πειρηθεῖσιν
ἀνδράσιν ἀλλήλων, καί που τοιαῦτ' ἀγόρευοι·
' Ἀρτούρου μὲν ἄορ τόδ' ἀθέσφατον αἰὲν ἀϜαγές·
25 τῷ ποτε δαιδάλλεσκ' ὀλοὸν ξίφος ἡμένη οἴη
λίμνης ἐν πελάγεσσι βαθείης πότνια νύμφη,
ἐννέωρος δ' ὀρέων ἐπὶ βένθεσι τεῦχε καμοῦσα·'
ὥς κ' ἄρα τις Ϝείποι, πάντων δ' ἄπο κῦδος ἄροιτο·
τοῦ δ' ἄρα νῦν κλέος εὐρύ κεν ὤλετο καὶ φάτις ἀνδρῶι.
30   ὣς ἄρ' ἔϟη πλαγχθεὶς ἀεσίφρονα θυμὸν ὀμίχλῃ·
αὐτὰρ ὃ μακρὰ βιβὰς βασιλῆ' ἐπὶ βλήμενον οὕτως,
δεύτερον αὖτις ἄορ κρύψας μέγα βῆ δηθύνων,
ἐντροπαλιζόμενος, ὀλίγον γόνυ γουνὸς ἀμείβων.
  τὸν δ' αὖτ' Ἀρτοῦρος προσέφη κεκαφηότι θυμῷ.
35 " ἐξαύδα, τί δ' ἄκουσας, ὅπως δ' ἤντησας ὀπωπῆς."
  τὸν δ' ἄρα θαρσήσας προσέφη θεράπων Ἐτεωνεύς·

"κύματ' ἐγὼν ἤκουσα πατάσσοντ' ἐν σπιλάδεσσιν,
φρικὰ δ' ἐγὼ κελαρύζουσαν μέγαλ' ἐν δονάκεσσιν."
τὸν δὲ μέγ' ὀχθήσας προσέφη κρείων 'Αϝτοῦρος·
40 "σχέτλιε, νηλεὲς ἦτορ ἔχων, ἐψευσμέν', ἑταίρων
οὐ Ϝειδὼς νέμεσίν τε καὶ αἴσχεα. ὦ μοι ἔπειτα·
πρὶν θανέειν ὀλιγοδρανέοντα λέλοιπε Ϝάνακτα
σκῆπτρόν τ' ἠδὲ θέμιστες, ἐπεὶ μένεος χηρώθῃ
τὸ πρὶν ἐπέγναμψεν μὲν ἐν ὀφθαλμοῖσι δεδηὸς
45 πάντας· Ϝοῖδά σ' ὁποῖος ἔησθά περ, οὐδέ με λήθεις
καὶ σὺ γὰρ ὕστατος ὧδε μόνος περὶ μούνῳ ἑταίρων,
ὃν μάλα μοι πάντων χρέω Ϝέργα παρασχέμεν οἷον,
κώπῃ ἐπ' ἀργυρέῃ κε Ϝεκὼν ἀπάφοιο Ϝάνακτα·
ἦε φιλοκτέανός γε, ἢ ὄμμασιν ἠΰτε κούρη
50 μὰψ αὕτως ἐπὶ Ϝήρα φέρων· ἀλλ' ἔστι γὰρ ἀνδρὰ
δὶς ἀϜάσυντα τρίτον γ' ἐπ' ἀμείνονα προτραφθῆναι,
Ϝέρρ' οὕτως· μοὶ δὲ προέμεν ξίφος ἢν σὺ μεγήρῃς,
αὐτίκα χερσὶν ἐμῆσιν ἀναστάς σ' ἐξεναρίξω."
ἢ, καὶ βῆ ῥα θέειν θεράπων ἐΰς, αὐτίκ' ἀναστάς·
55 κὰδ δὲ θόρεν κνημοὺς, ἐπιάλμενος ἐν δονάκεσσιν
ῥεῖ'· ὁ δὲ συμμάρψας κώπην στρεφεδινήσας τε
*Ϝῖφ' ἀπὸ χειρὸς ἔηκε· σελήνης δὲ κτυπὲν αὔγλῃ
δεινὸν ἄορ τανύηκες ἐλάμπετο μαρμαρύγαισιν·
ἀστερόπαις δ' ἐλελιχθὲν, ὁδόν τ' ἀνὰ αἰθέρα κάμψαν,
60 ἀΐξασκε μετήορον ὡς δ' ὅταν ἄντολαι ἄστρον
ἐκ Βορέου φαίνωσ', ἀπὸ δὲ σπινθῆρες ἔωνται
πολλοὶ, ἐπεὶ χειμὼν Βορέῃ νησοὺς συνέϜαξε
ἐννυχίῳ πλωτὰς, σμαραγεῖ δέ τε πόντος ὑπ' αὐτῶν,
ὣς δεὶν' ἄστραψαν ξίφος ὄβριμον ἔμπεσε λίμνῃ.

* See note on p. 3.

Section II.

GREEK IAMBICS.

IV.

(1) "How sweet the moonlight sleeps upon this bank!"
                                        SHAKSPEARE.

ἰδοὺ, σελήνη, φῶς ὑπνωδὲς, ὡς ἁβρῶς
ἔθελξεν ὄχθην· ἐνθάδ᾽ οὖν καθημένω
ἕρπειν δι᾽ ὤτων μουσικὴν ἐάσομεν·
χορδῶν γέ τοι θέλγητρον εὐλύρων πρέπει
5 αὐτῇ τε νυκτὶ νηνέμοις τε χαρμοναῖς.
κάθησ᾽· ἐπ᾽ οὐδεῖ, φῶς πυκνόστικτον, Διὸς
χλίδημα πινάκων χρυσοκόλλητον βλέπεις,
Ἰεσσίκη· σάφ᾽ ἴσθι δ᾽, ὧν ὁρᾷς κύκλων
οὐδ᾽ οὐλάχιστος ἔστιν ὅστις οὐ βάσιν
10 στρωφῶν ῥυθμίζει σύμμετρ᾽, ὡς θεὸς, μέλη,
εὐῶψιν ἀντίμολπα δαιμόνων χόροις.
τοιάδε δίοις ἐμπέφυκε μουσικὴ
ψυχαῖς· ἕως δ᾽ ἂν πηλόπλασθ᾽ ἕρκη, δέμας
φράξῃ φθιτόν νιν, οὐχ οἷοί τ᾽ ἐσμεν κλύειν.

V.

(2) "I see thou art implacable, more deaf."—MILTON.

κάτοιδα σ᾽ ὄντ᾽ ἄτεγκτον· ὡς θύελλα γὰρ
εὐχὴν ἀκούεις, ἢ κλύδων θαλάσσιος.
ὅμως θυέλλῃ πρὸς κλύδων᾽ εἰσὶν χρόνῳ
κλύδωνί τ᾽ αὐτῷ πρὸς πέτριν διαλλαγαί.
5 σὺ δ᾽ αὖ χαράσσει, κἀγρίου τυφῶ δίκην

ἄπαυστον ὀργῆς σπλάγχνον οὐ μαλάσσεται·
τί προσπίτνουσά σ' ἱκέτις εἰρήνης τυχεῖν
οὐδὲν ταπεινωθεῖσα καρποῦμαι πλέον
ἀπώσεως τε καὶ πικρᾶς ἀτιμίας;
10 ἀγηλατοῦμαι δ', ὡς ἀπόπτυστον κάρα,
κακῶς προπεμφθεῖσ', ὄνομα δυσφημούμενον.
οὐδὲν τὰ λοῖπα πραγμάτων τῶν σῶν ἐμοὶ
μέτεστι, τἀμὰ δ' οὐ τοσόνδ' αἰσχύνομαι.
φήμη γάρ, εἰ καὶ μὴ πρόσωπ' ἔχει διπλᾶ,
15 ἀμφίστομος, τὰ πλεῖστα κηρύξασ' ἔπη
ἐναντίαις σάλπιγξι, κἀπ' ἀμφοῖν πτεροῖν
(μελανόπτερος γάρ, θἄτερ' αὖ λευκόπτερος)
ὀνόματ' ἀΐσσει σέμν' ἄγουσ' ἀν' αἰθέρα.
ἴσως δὲ τοὔνομ' ἐν περιτμηθεῖσί γε
20 τοὐμὸν γένοιτ' ἂν τοῖς μεθυστέροις ἀεὶ
δυσώνυμον κἀραῖον, ὡς γαμήλιον
πίστιν προδούσης, δεινὰ λοιδορουμένης·
ὧν δ' ἂν μάλιστ' ἔπαινον εὐχοίμην λαβεῖν,
ἐμφυλίων γ', οὐ δυσκλεὴς ἀκούσομαι
25 γυνὴ 'ν γυναιξί· κἂν ἑορταῖσιν θεῶν
καὶ ζῶσα καὶ θανοῦσα μακαρισθήσομαι,
πορθοῦντος ἥτις πατρίδ' ἐκσῶσαι δορὸς
πίστεως τε κἀμῶν μᾶλλον εἰλόμην λεχῶν.
ἠνθισμένον δὲ τύμβον, ἐπετείου χάριν
30 εὐοσμίας λάβοιμ' ἄν, οὐχ ἧσσον κλέους
λαχοῦσ' ἂν ἥπερ Ἐφραϊμῖτις γυνή,
κρατὸς διαμπὰξ ἥτις ἀξένοις δόλοις
ἤρασσεν ἥλους Σισάρᾳ κοιμωμένῳ.

VI.

(3) "To whom replied King Arthur, much in wrath."
TENNYSON.

πρὸς ὃν χαραχθεὶς πόλλ' ἄναξ ἠμείψατο·
" φεῦ·
τρισάθλι' ὠμόφρόν τε, καὶ ψευδήγορε,
προδοὺς ἑταίρων πίστιν, οὐ πείθαρχος ὤν·
ὤμοι, λελῆσται κειμένου ταγοῦ κράτος,
5 φρένας δὲ κάμψαν ὄμμα χηρεύει σθένους
πειστηρίου· κάτοιδά σ' ὅστις εἶ· σὺ γάρ,
μοῦνός γ' ἑταίρων ὕστατος λειφθεὶς μόνῳ,
πάντων δίκαιος ὢν ὑπηρετεῖν ὕπερ,
θέλεις προδοῦναί μ' ἀγλααῖς μίσθῳ λαβῆς·
10 χρῦσον προτιμῶν, κουφόνουν ἤτοι χάριν
ὄψεως, γύναιον ὥσπερ· ἀλλ', ἔξεστι γὰρ
δὶς ἄνδρα μὲν σφαλέντα γ' ὀρθοῦσθαι τρίτον,
ἔρρ'· ἢν δέ μοι σὺ τὸ ξίφος ῥῖψαι φθονῇς,
ἔγωγ' ἀναστὰς αὐτόχειρ σφάξω σ' ἑλών."
15 ὅδ' οὖν ἀναστὰς προὔδραμεν σπουδῇ ποδῶν,
ῥάχεις δ' ἂν' ἅλμα κουφίσας, βύβλοις μέτα
ἐνέθορεν· ἁρπάξας δὲ κἀλλίξας βίᾳ
ξίφος προῆκε· μυρί' ἤστραψεν βέλος
αὐγαῖς σελήνης αἰόλον· ῥιπαῖσι δὲ
20 πυκναῖσι τροχοδινηθὲν, ἐπικυκλοῦν στροφὰς,
διέπταθ', οἷον ἄστρον εἱλίσσον φλόγα
ἀπ' ἀντολῶν Ἀρκτῷον, ἡνίκ' ἐννύχῳ
χειμῶνος ὥρᾳ κεροτυπουμένων βίᾳ
βέβρυχε πόντος Βορεάδων Συμπληγάδων·
25 οὕτως ἔλαμψεν ἐμπίτνον λίμνῃ ξίφος.

VII.

(4)   " Wilt thou be gone? It is not yet near day."
Shakspeare.

ΙΟΤΛ. ἄπει σὺ δῆτ'; ἀλλ' οὐκέτ' ἦν ὄρθρος βαθύς,
φθέγμασι δ' ἀηδών, οὔ τι κόρυδος, ἐμφόβων
διῆλθεν ὤτων σοι κατηρεφῆ μυχὸν,
ἥτις γε νύκτας εὐστομεῖ ῥοίας ἄπο.
5 ἔκλυες ἀηδοῦς τῆςδέ τοι, πιθοῦ, φίλε.

ΡΩΜ. κόρυδος μὲν οὖν ἦν, ἡμέρας εὐάγγελος,
οὐκ ἦν ἀηδών· νῦν νέφη τἀντήλια
βαφαῖσι λαμπραῖς, νυκτὸς ὡς φθόνῳ, φίλη,
ἰδοὺ, διέστη, κἀξόλωλεν ἀστέρων
10 ὡς ἐκκαεισῶν λαμπάδων ἤδη φάος.
ὄρη θ' ὑγρώσσοντ' ἐμβεβῶσ' ἄκρων ἔπι*
εὐὼψ ἔτεγξεν ἡμέρα· φυγόντι δὴ
ζῆν ἐσθ' ἕτοιμον, καὶ μένοντι κατθανεῖν.

ΙΟΤΛ. οὐκ ἦν, ἐγῷδα, κεῖν' ἀπ' ἀντολῶν φάος·
15 ἀλλ' οἷον ἀτμὸν γῆς ἀνῆκεν ἥλιος
σὲ μὲν προπέμψων, νυκτὶ δᾳδουχοῦν σέλας,
πρὸς Μαντύαν· μέν' οὖν σύ· μὴ φθάσῃς ἰών.

VIII.

(5) "Soft, you; a word or two before you go."—Shakspeare.

λέγειν μ' ἐᾶτε, πρὶν μολεῖν ὑμᾶς, βραχύ·
εὐεργέτῃ τιν' οἶδέ μοι πόλις χάριν

* Comp. Soph. Aj. 1230.

χαίρειν δ' ἐῶ τόδ'· ἀλλ', ἐπιστολαῖς ὅταν
δύστηνα συγγράψησθε ταῦτα ῥήματα,
5 ἐμοῦ γ' ἀληθεύοιτε, λίσσομαι, πέρι.
μηδ' οὖν ὑποστείλησθε μήθ' ὑμεῖς λόγῳ
φαῦλόν τι θῆσθε· δείκνυναί μ' ἄρ' ἂν δέοι
ἐρῶντ' ἄγαν τι κοὔ τι σώφρονος μέτρῳ·
ψυχρόν τιν' αὖ πρὸς ζῆλον, ἀλλ', ἀλόνθ' ἅπαξ,
10 νοσοῦντα τἄσχαθ', ὥστ' ἀπορρίψαι χερὶ
στυγνῇ, πονηροῦ* πως Ἰουδαίου δίκην,
τὸν μαργαρίτων πλουσιώτερον γένους·
οὗ δ' ὄμματ' εὐφύλακτα, κοὐκ εἰθισμένα
ἔθη γε μαλθάκ', ἀρτιδάκρυ' ἐσθ' ὅμως,
15 κἀστακτὶ λείβει ῥεῦμ', ὅσον πίπτει δάκρυ
πευκῆεν Ἀράβων ἐν νάπαις· τοσαῦτά μοι
γράφεσθε· καὶ πρὸς, ἐντυχεῖν ποτ' ὄντ' ἐμὲ
ἐν τοῖς Ἀλέπποις ἀνοσίων τινι ξένων,
ὃς δὴ τιάραν ἀμπέχων κακὸς κακῶς
20 ἤκισέ τιν' Ἑνέτων ἀνδρὰ λοιδορῶν πόλιν,
πνίξαντά δ' αὐτόχειρα βάρβαρον κύνα,
σφάξαι τοιοῦτον ἕτερον.

IX.

(6) "Bacchus, that first from out the purple grape."—MILTON.

Διόνυσος, οἶνον βότρυος ἐξ ὀπωρίνου
ὃς ἐξέθλιψε πρῶτος ἡδὺ φάρμακον,
ἐσθλὸν παραλλαχθέν γε, Τυρσηνῶν ἐπεὶ

* See note on XVI., (5) 5.

ναῦται φυὴν ἤμειψαν, Αἰτναίοις τόποις
5 χριμφθεὶς μὲν, αὔρας ποντίας πρὸς ἡδόνην,
Κίρκης κάτεσχε νῆσον (ἡλίου κόρην
τίς οὐχὶ Κίρκην οἶδεν; ἧς γε φάρμακα
εἴ τις ῥοφοῖ κρητῆρος, εὐθὺς ἐκπεσὼν
ὀρθῆς φυῆς πρὸς κάπρον ἠνέχθη* χάμαι
10 βλέποντα πρηνής)· ἡ δ' ἐπεὶ νύμφη κάρα
ἀνθοῦν κατεῖδε βοστρύχοις τε καὶ πλοκῇ
πυκνῶν κορύμβων κισσίνων, διπλῆν χλιδὴν
ἥβης σφριγώσης, ἔτεκεν ἐξ αὐτοῦ τέκνον
πρὶν γῆς ἀπιέναι, πατρὶ δὴ 'μφερέστατον,
15 μᾶλλον δὲ μητρί· τοῦτον ἐκθρέψασα μὲν
ὠνόμασε Κῶμον, ὅς ποτ', ἀκμάσας ὕβρει,
οἷον γ' ἔφηβος τυγχάνων, φοιτῶν πέδον
Κελτῶν τ' Ἰβηρίων τε, δυσφήμους στέγας
κάτεσχεν ὕλης τῆσδε σὺν χρόνῳ μολών.

X.

(7)   "Pray, do not mock me."—SHAKSPEARE.

ΛΕΑΡ. μὴ σκῶμμα θέσθε πρὸς θεῶν γέροντ' ἐμέ·
ξύνοιδα ληρῶν κοὐ βέβαιος ὢν φρένας,
οἳ' ὀγδοήκοντ' ἢ πλέον ζήσας ἔτη.
φόβος δὲ μὴ νοῦν, ὡς ἁπλῷ λόγῳ, σφαλεὶς
5 τύχω· δοκῶ γὰρ, σ' εἰδέναι δέον τίς εἶ,
καὶ τόνδ', ἀδηλεῖν· οὐδὲ γὰρ μνήμων τόπου

---

* For ἂν omitted, to indicate the certainty of the immediate consequence, see Donaldson's *Gr. Gr.* 502 (*cc*).

τοῦδ' εἰμι πάντως· οὐδὲ νοῦν ἔχω φράσαι
στόλη τίς ἥδ'· ἀλλ' οὐδ' ὅτου τυχὼν λέχους
χθὲς ἐξενίσθην· ἀλλὰ μὴ 'γγελᾶτέ μοι
10 ἔχειν δοκοῦντι παῖδά μου Κορδηλίαν,
εἴ που τι καὶ ζῶ γ' αὐτὸς, οὐδ' ἄλλην τινα,
γυναῖκα ταύτην.
ΚΟΡΔΗΛΙΑ.   ἀλλ' ἔχεις μ' ἔχεις, πατέρ.
ΛΕ. μῶν ὄμμ' ἔτεγξας; νὴ Δί'· ἀλλὰ μὴ σύ μοι·
ἀλλ' εἴ τι μοι σὺ φαρμάκων ἔχεις, πιεῖν
15 θέλω τόδ'· οἶδά σ' ὡς ἔμ' οὐ φιλεῖς, κόρη,
ὁμαίμονες γὰρ—εὖ τόδ' ἐμνήσθην—σέθεν,
ἔμ' ἠδίκησαν· αἵδε μὴν ἀναίτιον.
σὺ δ' αἴτιον μέρος τι.

XI.

(8) "Friends, Romans, countrymen, lend me your ears."
SHAKSPEARE.

ἄνδρες, πολῖται καὶ φίλοι, Ῥώμης τροφὴ,
ἀκούσατ'· οὐ πάρειμι Καίσαρ' αἰνέσων
τάφῳ δὲ κρύψων. ζῇ τὸ μὲν ῥεχθὲν κακὸν
ῥέξαντι περιγενόμενον, ἀλλὰ τἀγάθ' ἂν
5 εὐεργέτων ὀστοῖσι συνταφέντ' ἴδοις·
ταῦτ' ἂν πάθοι καὶ Καῖσαρ· εὐγενὴς ὅμως
Βροῦτος κατεῖπε Καίσαρ' ὡς φρονοῦντ' ἄγαν·
εἰ τοῦτ' ἀληθὲς, Καῖσαρ ἥμαρτεν μέγα,
δίκην δὲ μεγάλην ἐξέτισεν αἰτίας.

XII.

(9) " O Antony ! beg not your death of us."—SHAKSPEARE.

Ἀιτώνι', ἡμᾶς μὴ σύ γ' αἰτήσῃ θανεῖν,
καίπερ φανῆναι φοινίους χώμους δέον
τανῦν, ὁρωμένοις γε πρὸς χέρας μόνον
καὶ πρὸς τὰ νῦν ῥεχθέντα· σοὶ δ' ἰδεῖν πάρα
5 χέρας τε μοῦνον αὐτοχεῖρά τε σφαγήν·
κέαρ δ' ἄφαντον· ἔχομεν ἐλεεινὸν κέαρ·
οἶκτος δὲ Ῥώμης κοινὸν ἠδικημένης
(ὡς γὰρ τὸ πῦρ πῦρ οἶκτος οἶκτον ἐξελᾷ)
ἔρεξε τοῦτο Καίσαρα· ξίφη δέ σοι,
10 Ἀντώνι', αἰχμάς ἐστιν ἐσφαιρωμένα·
χεῖρες δὲ, καίπερ ἐς βλαβὴν ὡπλισμέναι,
καὶ σπλάγχν' ὁμαίμον' εὐφρόνως σ' εἰσδέξεται
πρὸς ἀγαθὰ, πρὸς στέργηθρα, πρός τ' αἰδῶ φρενῶν.

XIII.

(10) " I could be well mov'd, if I were as you."—SHAKSPEARE.

κἀγὼ πιθοίμην,* εἴπερ ὡς ὑμεῖς ἐγώ·
τοὺς γονυπετεῖς δὲ, προσπίτνειν ἀμήχανος,
οὐκ ἤνεσ'· ἀστὴρ δ' οἷος ἐμπρέπων πόλῳ
ἀσάλευτος, ἄλλων ἐν τροπαῖς ἠσκημένων,
5 ἕστηκε μοῦνος, τοῖος οὖν ἐγώ· βλέπεις
ἀνήριθμον ποίκιλμα τῶν ἐν αἰθέρι

* For the optative, with potential force, unaccompanied by ἂν comp. Soph. *Aj*. 921, ποῦ Τεῦκρος; ὡς ἀκμαῖος, εἰ βαίη, μόλοι, and Eurip. *Phœniss*. (Porson) 1216—7, εἰ δ' ἄμεινον οἱ θεοὶ γνώμην ἔχουσιν, εὐτυχὴς εἴην ἐγώ.

κύκλων, ἅπασι δ' ἔμπυρον λάμπει σέλας·
ἀλλ' ἐξ ἁπάντων οὐρανῷ μεσόμφαλος
εἶς ἔσθ'· ὁμοίως δ' ἀνδράσιν τὴν γῆν ὁρᾷς
10 βρύουσαν, οἷς σὰρξ, αἷμα, καὶ φρενῶν μέρος·
πάντων δ' ἕν' ἀνδρῶν οἶδ' ἀκίνητον μόνον,
οὔτ' ἐκπεσόντα τάξεως· κεῖνος δ' ἐγώ,
ἀσυμπαθὴς τροπαῖσι, καὐτάρκης στάσει.
κἀνταῦθα πεῖραν, ὡς λόγῳ σμικρῷ, λαβεῖν
15 ἔξεστι· δόξαν Κίμβρον ἐξελᾶν πάλαι
χθόνος, δοκεῖ νῦν ταὐτό, μὴ λῦσαι φυγήν.

XIV.

(11)   " Yet think not that I come to urge thy crimes."
                                    TENNYSON.

Γένεφρα, παρεῖναι μὴ δόκει κατήγορον,
μήτ' ἐμέ γ' ἀραῖον οἷς ἔδρας· σχεδόν τι γὰρ
μέγ' οἰκτίσας σ' ἂν κατθανεῖν χρῄζοιμ', ὁρῶν
κάρα σε θεῖσαν ὧδε χρύσαυγές, τὸ πρὶν
5 χλίδημ' ἐμόν ποτ' ὀλβίου, ποδῶν πάρος.
μεθῆκα δ' ὀργῆς ἥ με προύτρεψεν φρονεῖν
ὠμοῦ προδοσίᾳ κειμένου θεσμοῦ πέρι,
κρίσεως πυρός, μαθόντα σ' ᾧδε λανθάνειν·
καὶ φροῦδον ἄλγος ἐκ μέρους, δακρυμάτων
10 πήγῃ ζεσάντων καρδίαν σταθμῶντι σὴν
ταύτῃ, λαχούσῃ πίστεως μεῖζον μέρος
ἢ χὐπόνοιαν σῆς ἀπιστίας λαβεῖν.
καὶ φροῦδα πάνθ'· ἥμαρτες οἷ' ἡμάρτανες·
ἵλεων δ' ἔμ' ἕξεις, κἀμὲ καὶ τὸν ζῶντ' ἀεὶ
15 θεόν· μέλοι σοι τἆλλα σῶν ἔνδον φρενῶν.

XV.

(12) " The quality of mercy is not strain'd."—SHAKSPEARE.

αἰδὼς ἀνάγκης οὐ νόμοις κατάσχετος,
ἀλλ' ἥδ', ὁποῖον οὐρανοῦ δρόσος χθόνα
ἡδεῖα τέγγει προσπεσοῦσ', εὐεργετεῖ
τὸν δρῶντα τὸν παθόντα τ' αὖ, διπλῆ χάρις·
5 κἂν φερτάτοισι φερτάτη, καθημένῳ
θρόνοις τυράννῳ στέμματος πρέπει πλέον·
ἐφήμερον θώπευμα τὸ σκήπτρων κράτος,
ἐν οἷς ἀνάκτων ὕπατος ἐνθακεῖ φόβος,
δεινὸν νόμισμα, παντελοῦς ἀρχῆς σέβας·
10 αἰδὼς δὲ καὐτῆς ἐκπρέπει σκηπτουχίας,
κἄνδον τυράννου καρδίας θάσσει θρόνους,
πάρεδρος ἐν ἀρχαῖς Ζηνί· καὶ θνητῶν τέλη
πρέπει θεοῖσι τηνίκ' ἐμφερέστατα,
θεσμοῖσιν αἰδὼς ἡνίκ' ᾖ μεμιγμένη.

XVI.

(13) "I had not thought to have unlookt my lips."—MILTON.

ἐβουλόμην ἂν κλεῖδ' ἐπὶ γλώσσῃ νέμειν,
μέση γ' ἀνοσίων οὖσα· νοῦν εἰ* μὴ θέλοι
γόης οἷόν περ ὄψιν ἐξελεῖν ὅδε,
θέλγων, προβάλλων αἰσχρὰ σὺν κόμπῳ λόγων.

* The law of the final cretic is not violated here, since εἰ μὴ must be read as one word; comp. Eurip. Phœn. (Pors.) 1213, εἰ δ' εὐτυχὴς, and 1606, οὐ μή ποτε.

5 στυγῶ πονηρὸν* ῥήματ' ἐκρίψαν στόμα,
μήτ' ἀντακούσαν μηδὲν εὐτακτοῦ πάρα.
πανοῦργε, μηδὲν τῇ φύσει κατηγορῇς
μάλιστ' ἀναιτίᾳ γε, τὴν ἀσωτίαν
ὡς εἰ κελεύοι παισὶν, ἀφθόνῳ χερὶ
10 διδοῦσά γ' αὐτή· μηδαμῶς· οἷον δὲ χρὴ
ἐσθλὴν δότειραν, σώφροσιν μόνον θέλει
δοῦναι, θεμιστεύουσί γ' εὐλαβῆ βίον,
τηροῦσί τ' αἰδοῦς ἐγκρατῆ σεπτὸν νόμον.

XVII.

(14) "Alas, good vent'rous youth."—MILTON.

ΔΑΙΜΩΝ. φεῦ·
ἐπήνεσ' ἀνδρείας γέ σ', ὦ τέκνον, σφόδρα,
λίαν γὰρ ἦσθ' εὔτολμος· ἀλλὰ γὰρ ξίφος
σμικρόν γ' ἐπωφέλημα, νῦν ἄλλων ὅπλων
ἀλκῆς δ' ἔτ' ἄλλης δεῖ πάνυ, ῥῆξαι σθένος
5 δεινῶν ἐπῳδῶν φαρμάκων τε νερτέρων.
οὗτος τὰ σ' ἄρθρ' ἄναρθρα τῇ ῥάβδῳ μόνῃ
στήσει, σποδήσας ἶνας.

ΑΔΕΛΦΟΣ.   ἀλλὰ, βουκόλε,
πῶς πλησιάζειν ἐς τοσοῦτ' ἔτλης ποδὶ,
ὡς δεῦρ' ἀπαγγεῖλαι τάδ';

* Jelf *Gr. Gr.* § 58, 16, says that πόνηρος is the accentuation proper to the Attic dialect, but as this is not confirmed by Beatson and Beck in their *Indices* to the Tragædians, it has not been adopted.

ΔΑ. εὐβούλων φρενῶν
10 ἐπ' ἔσχατ' ἦλθον, πῶς ἀκήρατον φόβων
δέσποιναν εὖ σώσαιμι, κἀμνήσθην τινος
οὐ δὴ 'ποβλέπτου παισὶ βουκόλοις μέτα,
ὅμως γε φύλλων καὶ φυτῶν μάλ' εἰδότος,
ὅσα περ ἐῷον νεοθαλῆ σαίνει φάος,
15 χὦσ' ἂν τρέφοι τι φαρμάκων θελκτηρίων.

XVIII.

(15)   " And she abode his coming, and said to him."
TENNYSON.

γυνὴ δ' ἰόντ' ἔμιμνε, καὶ τλήμων φόβῳ,
εἶπεν, "λέγειν ἔξεστι;" "καὶ γὰρ οὖν,' ἔφη,
"ἤδη λέγεις·" ἀλλ' ἤδε, "τρεῖς λῃσταὶ νάπους
τἀκεῖ σ', ἕκαστος πάνοπλος ὤν, λοχῶσ'," ἔφη,
5 "τρίτος δὲ κεῖνός σου μέλη μείζων ἰδεῖν,
καί σοι παραστείχοντι φασὶν ἐμβαλεῖν."
ὅδ' αὖ δι' ὀργῆς εἶπεν ἐκρίψας ἔπη·
"ἄλσος δὲ κεἰ λοχῷεν ἑκατὸν, ἠδ' ἐμοῦ
μείζων ἕκαστος εἰσιδεῖν τύχοι μέλη,
10 χἅπαντες ἐμβάλοιεν ἐκ μιᾶς μόνῳ,
μὰ Ζῆν' ἂν ὀργίσειέ μ'οὐ τόσον τάδε,
ὥς μοι σὺ μὴ πεισθεῖσα· νῦν μεθίστασο,
σχέσθαι δὲ τἀνδρὸς, ἢν πέσω, βελτίονος."
ἡ δ' οὖν μεθίστατ' Οἶνις ὡς τέλος σκοποῖ.

XIX.

(16) " Humpty Dumpty."—GAMMER GURTON.

τοίχοισιν ἵζων θᾶκος Οὐμπτιδούμπτιος
τάλας ἔπιπτε πτώματ' οὐκ ἀνασχετά·
ἡ δ' οὐ βασιλέως ἵππος οὐ πέζος στράτος
ἐδύνατ' ἀνορθοῦν αὖθις Οὐμπτιδούμπτιον.

Section III.

LATIN ELEGIACS.

XX.

(1) "Drink to me only with thine eyes."—BEN JONSON.

Nil nisi respiciens oculis mihi sicca propines,
    Omen ego accipiam par referamque meis;
Oscula seu cyatho admoveas, satiabor in illo,
    Nec cyatho inveniens oscula vina petam.
5 Quæ sitis est animi ætherios desiderat haustus,
    Nec mens terrenas ignea passa dapes:
Sed libare Jovis liceat si pocula, mutem
    Non potiore tuo nectare pocla Jovis.
Quod tibi mittebam roseas paulo ante coronas,
10 Crede, tui haud adeo pars id honoris erat,
Quam data quod poterant sero marcescere serta,
    Flore tuo florem continuante rosis.
Ore fovens tremulis afflabas leniter, et mox
    Florea quæ dederam dona recepta tuli.
15 Jam, testor superos, sua non stat gratia flori,
    Quod viget et redolet muneris omne tui est.

XXI.

(2) "The rain had fallen, the Poet rose."—TENNYSON.

Sol ex imbre serenus erat, per strata viarum
    Protulit exsurgens urbe poëta pedem;
Mittitur e portis auræ levis horror Eōis,
    Fluctuat umbrarum per sata longa sinus.

5 Consedit solus : resonabant avia cantu
      Mox loca, dum liquido carmen ab ore dabat.
    Constitit auscultans vagus aëre cygnus, alauda
      Præcipitem ad numeros se dedit ante pedes.
    Sectatrix apium prædas neglexit hirundo,
10   Subrepsit coluber delituitque rubis.
    Obstupuit, trucia ut plumis resperserat ora,
      Ut ferus ungue dapem presserat, accipiter ;
    Et solitas recolens artes Philomela negavit,
      Unquam ita lætificos se sonuisse modos ;
15 "Nam memorat quæ post annos ventura trahantur,
      Quid sæclo extincto fiat in orbe, canit."

XXII.

(3) "But let my due feet never fail."—MILTON.

Nec musis desim nec claustris debitus hospes :
    Sedeque pallenti sit mihi ferre pedem ;
Dædala amem mirâ laquearia mole, columnas
    Marmoraque, artificis celsa tropæa manûs ;
5 Mille ubi dissimulat tabulata fenestra colores,
    Saxaque sublustri religione ferit.
Dum spirant pæana suum recinentibus infra
    Plenius altisonis organa mista choris.
Hîc cantûs liquidâ capiar dulcedine, et ima
10   Quod mihi corda melos diluat aure bibam ;
Dum mihi mens super astra rapi, dum visus Olympus

Obversari oculis stellifer ipse meis.
Denique eremitæ sedes tutosque recessus
    Fracturus vitæ tædia longa petam;
15 Accola muscosæ rupi pellitus ab antro
    Rite notem, verset quot sua signa polus;
Quotve bibant herbæ rores; dum munera tangam
    Fatidici doctus tempora longa senex.
Talia, Tristitiæ numen, modo cede fruenda,
20   Hac tibi lege libens jungar, eroque tuus.

XXIII.

(4) "Thus lived—thus died she; never more on her."—BYRON.

Accipe quâ vitâ fuerit quâ morte, lacesset
    Quam nihil æternum, cui maculamve dabit;
Scilicet intolerans oneris, quod ferre per annos
    Pectora seu menses frigidiora queant;
5 Dum senio in cineres recidant; sed munus amandæ
    Decerpens vitæ quod breve dulce tulit;
Nec longum sors atra dabat; jam dormit arenâ;
    Litus amârat enim, mortua litus amat.
Insula nuda vagos defendit inhospita fluctus,
10   Cessat deciduis incola adesse casis.
Stant tumuli, patris atque suus; sed signa sepultis
    Nulla, ubi cum solâ funera solus habet.
Non tituli non testis adest; frustraque requires
    Condita quo lateat cæspite tanta Venus.

15 Heu fuit! infleta et rauci est nisi murmure ponti
    Dicta olim Cycladum prænituisse choris.
  Mæret at hanc luctu permiscens carmen Ionis
    Plurima, et extollit navita gesta viri ;
  Et citius noctem sentit procedere, narrans
20   Quâ formâ virgo, qualis ad arma pater!
  Perdite amâsse fuit crimen quod morte luebat ;
    Tandem amor est aliquo res pretiosa modo.
  Nec tibi, si quis amas, tua detrectanda pericla ;
    Ocyus ultor amor serius ipse suus.

XXIV.

(5) "Nymphs and Shepherds, dance no more."—MILTON.

Ludere arenosas, nymphæ, Ladonis ad oras,
    Pastoresque, inter lilia juncta vadis ;
Cyllenesque nives supra veterisque Lycæi
    Desinite, et lunâ ducere teste choros.
5 Mæreat amissos quamvis Erymanthus honores,
    Gratior hic operum præmia reddet ager :
Hîc domus est potior, teneant ne Mænala saxis,
    Quominus huc adsit cum grege quisque suo.
Amplior hîc vestros expectat gratia cultus,
10   Dignior officiis huc quoque Diva vocat.
Pana sibi servum Syrinx si fecerit olim,
    Hanc Syrinx dominam noverit ipsa suam.
Huic, etiam Arcadici peteret si ruris honores,
    Judice at Arcadiâ debita rura forent.

XXV.

(6) "O Thou dread Pow'r, who reign'st above."—BURNS.

Qui premis imperiis superos, formidine terras,
    Tu, si Te novi, non mihi surdus eris :
Dum precor his laribus tua supplex munera, sedes
    Quas sibi Pax optat, quas sociatus Amor.
5 Abstineas cano capiti vim mortis, et addens
    Ultro longa seni tempora, parce patri.
Dux gregis hic teneros sancto beet omine natos,
    Sospitis exemplar, quid sit honestus, habes.
Quæ pulchram assiduis prolem meditatur ocellis,
10   Cui pia mens inter spem trepidatque metum ;
Maternos, matri dans quod juvet, exime fletus,
    Absit ab officio pars, sine, mæsta suo.
Qui, decus et columen, vixdum puer exit ab annis,
    Cuive dies cæpto vix rubet orta viro ;
15 Hunc, Tu Numen amans fidei et pietatis, amando,
    Integra dum patri sint rata vota, fove.
Pro nuribus precor in lacrymas effusus—ab omni
    Nôsti, qui vitient, parte latere dolos—
Nympharum decus hocce sororiaque agmina serves ;
20   Omnem perficiat Te duce quæque viam.
Nactaque supremas quum serius ocyus oras
    Ibit, ut oceanum trans ratis acta, domus ;
Gaudeat, exciderit tanto quod de grege nemo,
    Et numerum in cœlis expleat ipsa suum.

XXVI.

(7) "Haply some hoary-headed swain may say."—GRAY.

"Cernere erat juvenem vix orto lumine, (credas
   De grege sic aliquem posse referre senem,)
Verrentem rapido rores pede, ut ardua saltûs
   Per juga Phœbeis obvius iret equis.
5 Adve pedem fagi tremulæ, quæ mille vetustâ
   Stirpe plicans nodos prodigiosa tumet;
Carpebat medio lentissimus otia sole,
   Argute oblapsas ceu meditatus aquas;
Jam temere ad sylvam simulans fastidia risu
10   Ore vago nullâ frivola lege dabat;
Jam languebat inops animi, ceu perditus, aut quem
   Curæ essent, exspes aut agitaret amor.
Quâdam destituit solitos luce advena colles,
   Nescia prata viri sylvaque amata fuit;
15 Crastina lux venit; juvenis sed, ut antea, sylvæ,
   Saltibus, et solitis non veniebat aquis.
Tertia deduxit funus, via sacra recepit;
   Debita non deërat nænia et exequiæ:
I, neque enim indoctus, sculpto lege carmina saxo,
20   Qua vetus impositam rhamnus obumbrat humum.

XXVII.

(8) "Here rests his head upon the lap of Earth."—GRAY.

Quod caput haud olim fortuna aut fama levârat,
   Hic fovet omniparens flebile terra sinu.

Non Musæ a tenui non Phœbus abhorruit ortu,
    At gregis hunc scripsit Tristitia ipsa sui.
5 Largitore animo fuerat, purissimus idem,
    Larga dabant Superi munera proque datis.
Qui dederat lacrymas miseris, nam plura nequibat,
    In votis quod erat, Numina amica tulit.
Parce sed emeriti virtutes volvere, parcas
10   Excutere infandâ sede tacenda viri;
Illic speque metuque sinas sors pendeat anceps,
    Causa sit in Patris corde reposta Dei.

XXVIII.

(9) "Leaves have their time to fall."—MRS. HEMANS.

Tempora sunt foliis, sylvæ sua fata caducæ,
    Hora est deciduis flante Aquilone rosis;
Temporibus stellæ merguntur in æquora; sed tu,
    Tempora, Mors, quot eunt omnia, sola tenes.
5 Exercens hominum curas sol aureus exit,
    Instauratque hilares serior hora focos;
Sunt sua vota etiam nocti sua somnia; at omne
    Arbitrium in terris, tempus et omne, tibi est.
Hora refert epulas evantibus orgia; venis
10   Fervidulis hora est carminis, hora meri;
Nec caruere die frangentes pectora curæ,
    Nec lacrymæ mites, omnis at hora tua est.
Te puer et nimium nascens rosa fisa colori—
    Heu! non credidimus talia posse mori—
15 Risere; ast tibi mos prædam qui præripit omnem,
    Nec nisi maturis abstinuisse juvat.

XXIX.

(10) (*The same continued.*)

Nôsse licet lunæ interitus, trans æquora vectas
  Strymonias verno tempore nôsse grues;
Novimus æstates et flavescentia culta,
  Sed te quo monitis omine nôsse licet?
5 Estne ubi jam veris violæque Favonius auctor
  Quâ lateant Floræ pignora prima monet?
Ante pedes ubi marcescit rosa? Scilicet unum
  Tempus iis, nobis tempus at omne mori!
Inter aquæ montes, miscentur ut æquora, chordas
10 Inter ades, liquidos haurit ut aura modos.
Otia seu quis amat Larium, strepituve virorum
  Misceri, servas tu fora tuque Lares.
Tu necopinanti, quum conventurus amicum
  Ulmos et requiem quærit amicus, ades;
15 Tuque, æs quum cantu ferit astra, legitque virum vir,
  Adstas, Marsque apices proterit ense ducum.
Tempora enim foliis, sylvæ sua fata caducæ,
  Hora est deciduis flante Aquilone rosis;
Temporibus stellæ merguntur in æquora; sed tu
  Tempora, Mors, quot eunt omnia, sola tenes.

XXX.

(11) "Call it not vain, they do not err."—SCOTT.

Ficta cave credas, naturam vate perempto
  Flere, sibique sacro sacra litare viro:

Neu temere incuses dictum, mugire cavernas,
  Mæstaque ab aëriâ murmura rupe dari;
5 Ad nomen vitreos liqui de montibus amnes,
  Inque sua effusam balsama flere rosam;
Suspirare nemus zephyris quod amaverat ipse,
  Raucius et quercus ingeminare "vale";
Ferre elegos tumulo vel euntia flumina, et undas
10 Suprema in vatem verba docere suas.
Non quasi bruta queant munus dare lugubre nostris
  Manibus, aut hominum tangere saxa dolor.
Sed quia plangor inest nemori, per saxaque et auras
  Vox venit, heroas questa carere lyrâ;
15 Altera quos Lethe, citharâ semel inde redemptos,
  Jam manet, ah! solitos ire per ora virum.

XXXI.

(12) "And strangely on the Knight looked he."—SCOTT.

Ille feros oculos intorquens lumine glauco,
  Torva tuens, equiti talia voce refert:
" Qualia Dî superi celarent, qualia Manes,
  Tu, dure, ausurus visere, miles, eras?
5 En ego, qui cædor spinis, quemque aspera adurit
  Pellis, cui cingunt ferrea claustra sinus;
Non luiturus eram binis mea crimina sæclis,
  Improba dum genibus tunditur ista silex;
Omnia nam mea sunt leviora piacula culpâ,
10 Audax qui nôrim quæ mihi nôsse nefas.

Tu quoque si cupias scelus exorare perenne,
　Si macie æternâ tempora agenda tibi;
Hac lege ut paveas seram tamen, improbe, mortem,
　Vade, age, quod placuit me duce nactus eris."
15 "Longe a me macies, pater alme, manusque supinæ;
　Unam callet enim vix mea lingua precem!
Hunc pia vota agitare putes, hunc sacra, 'Mariam,'
　Vix qui dum fines vastat, 'avere,' jubet?
Sic precor et prædor, sed cætera nil moror; at tu
20 　Fac missum, citius perfice jussa, pater."

XXXII.

(13) "Thou the light sail boldly spreadest."

Tu levia æquoreas audes dare vela per undas,
　Nec tibi naufragii nec timor hostis adest.
Non servans, tenuis, sulcas mare, nauta, Boöten,
　Picta gubernaclo non tua puppis eget.
5 Sole favente natas devexus concava aquarum,
　Sospite te motum concipit unda Noti.
Non opus, exigue, est timeas, Palinure, procellam,
　Gestit spumoso quem vehere unda salo;
10 Irrequieta ferant quamvis freta gurgite cymbam
　Alterno, refluis usque agitata vadis;
Non potes usque adeo, tangant licet æquora cœlos,
　Pergere ut imperiis egrediare tuis.

XXXIII.

(14) "An arrow from a bow just shot."—MACHLER.

Evolat ad coelum nervo pulsante sagitta,
  Adque avium regem, nubila nacta, refert,
Plurima dum volitat jactans et inania, "possum,
  "Ecce, tuas alas æquiparare meis:
5 "Quin, supero et Phœbi sublimis apricor in auris.'
  Leniter arridens cui, "misera," inquit avis,
"Quid quod habes alas, aliena levamina? Jactas
  "Irrita, si terras ipsa caduca petis?",

XXXIV.

(15) "Phyllis, why should we delay?"—WALLER.

Gaudia quid breviora die, mea Phylli, moramur?
  Quidve tenere sinu mox peritura juvat?
Si vitam—Parcæ sed enim vetuere—liceret
  Tendere, et invisas exsuperare colos,
5 Flos tamen exciderit, ceu transvolat umbra, decoris,
  Et brevior nobis nostra juventa perit.
Ast eadem si forma manet, si læta juventus,
  Præcipiti pennâ transvolitabit Amor.
Antevolat Tempus puer ales; Amorque vicesque
10 Scandunt vel cœlos, nam vicis auctor Amor:
Queis etenim sors est mutari nesca, juvit
  Odisse inque vices rursus amâsse Deos.

XXXV.

(16) "For we were nurst upon the self-same hill."—MILTON.

    Communem ad fontes unius montis alumni
        Duximus, ad sylvas, ad fluviosque, gregem :
    Ambo una pastum pecus egimus, ardua saltûs
        Vix quum palpebrâ tangeret orta dies ;
5 Et simul ambobus cecinit mala bucina, quali
        Est solitus medio stridere sole culex.
    Dum, pasto noctem et rores grege, Vesper ab ortu
        Cœperat occiduam deproperare rotam.
    Nec siluere tamen gaudentes rure Camænæ,
10   Nec minus interea carmen avena dedit ;
    Duxerat herba simul bifidæ vestigia calcis,
        Dum saltant Satyri Capripedumque chori ;
    Quemque carere diu cantûs dulcedine tædet ;
        Damætasque modos audit amatque senex.

XXXVI.

(17) (*The same continued.*)

    Ah, conversa tuo decessu tempora, pastor,
        Quem via in æternum non remeanda tulit !
    Te silvæ et cava saxa gemunt, quot lenta racemis
        Labrusca obduxit, quot loca flore thyma ;
5 Nulla repercussæ vocis requievit imago,
        Quin saxa excuterent verba suprema tibi.

Non plaudent foliis posthac coryleta canenti,
  Non gestire piâ visa salicta comâ.
Qualis obest vermis depulsæ in pascua capræ,
10   Exedit aut teneras pestis amara rosas,
Quale gelu sensit veris modo conscia florum
  Copia, vix pictos ausa aperire sinus;
Induit ut flores cytisus; tua talia fata;
  Sic, Lycida, sortes audit ovile tuas.

XXXVII.

(18) "Seest thou yon bark? It left our bay."—MARY HOWITT.

Quæ viden' e curvâ nobis proram extulit orâ,
  Audax mane, vocans omnia fata, ratis,
Quam multa ex oculis cursu tulit aura secundo,
  Quam multa appulsu vix levis unda suo?
5 Omine quam falso nituit! Quam, nauta, superbis
  Cursibus excideras, heu, male fisus aquæ!
Scilicet ignarus, maria obdormiscere cernens,
  Quum tranquilla satis, tum metuenda nimis.
Flos erat in pratis florum pulcherrimus; illum
10.   Roscida nox aluit fovit et orta dies:
Hunc modo præ formâ nolebam carpere florem,
  Parcebamque horto demere tale decus;
Sed clam letiferas fovit sub cortice gemmas,
  Includens fibris funera fraude sua;
15 Sensit enim vermem radix; ea noxa comantem,
  Frustra et pollicitam crastina, nocte tulit.

XXXVIII.

(19) "But why should I his boyish feats display?"—BEATTIE.

Quid tamen huic laudo puerilia? Nam neque vulgus
   Nec strepitus placuit, turba molesta fuit:
Nec libuit raucæ medium se ferre catervæ,
   Rixantumque gregi, duxit at umbra pedem;
5 Seu temere inculti premeret capita aspera montis,
   Seu caperet longæ devius error aquæ;
Ferre per intactos voluit vestigia saltus
   Et vagus haud ullâ per nemus ire viâ:
Dum, jubare occiduis demisso cautibus, irent
10   Gaudentes solvi languida colla boves.
Non pede, non dextrâ melior, neque gramine victor
   Ibat ovans, juvit non ea palma virum.
Pectora crediderim crudelis nescia ludi
   Condoluisse, foret si violata pecus.
15 Non rete aut laqueum, non tela aut stuppea amabat
   Vincla; dolos sprevit, duxit at arma nefas.
Tutelam ille sibi ruris non regna petebat,
   Nedum inde ut fastus proditiove foret:
Imperium sed quale daret sine sanguine sylva,
20   Huic fuit in votis imperitare suum.

XXXIX.

(20) "Oh! that the chemist's magic art."—ROGERS.

Arte Prometheâ queat, O, quis sistere guttam,
   Cogere et in vitrum quæ pretiosa fluunt,

Pendula vi tacitâ premeret pia bullula nostros,
    Tristitiasque ciens deliciasque, sinus.
5 Gemma nitens nitidis lapsura pependit ocellis,
    Estque a luminibus lucida facta Chloes;
Puniceis eadem labens tremebunda cavernis,
    Ex animæ teneris fontibus ibat aqua.
Candida, lucentes simulans aspergine bacas,
10   Quam virtus radiis imbuit alma suis;
Mitior ipsa micas lucesque serenior omni,
    Quæ tenebris terræ gemmea flamma subest.
Te, lacryma, expectant refici quærentia, et ultro
    E se, quod poscunt, saucia corda cient;
15 Tu, stimulis animus quum jam male suetus iniquis
    Gaudet, amat, mæret, commiserescit, ades.
Te scriptis adhibet sapiens, novere Camænæ;
    Quæ te non celebrant tempora, quidve solum?
Te, seu Socraticæ chartæ versentur, amamus,
20   Seu nos ficta juvet somnia mente sequi.
Nam lacryma in vitreum quâ lege volubilis orbem
    It globus, et proprio fonte caduca perit,
Lege orbis terræ pendet globus alter eâdem,
    Volvitur in spatiis sidus et omne suis.

Section IV.

LATIN HEXAMETERS.

XL.

(1) " So the false spider, when her nets are spread."—DRYDEN.

    Sic ubi fraude malâ suspendit aranea casses,
    Lustris insidiata silet, dum fila corusco
    Fune trahi longe noscat, jam signa teneri
    Posse reluctantem viscosâ compede muscam ;
5 Quam simul hæsisse inveniat, se proripit imis
    Sedibus, et telas decurrens improba gaudet
    Captivo imbutas fraudes tractare retento ;
    Et miseram exultans rapit in penetralia prædam.

XLI.

(2) " The riders rode abreast, and one his shield."—DRYDEN.

    Fronte pari incessere equites ; hic scuta ferebat,
    Ille hastam corni de vimine, tertius arcum,
    Et totam e levi decus auro insigne pharetram,
    Admirabile opus.   Mox illustrissimus ortu
5 Grajugenûm quisque insequitur, junctisque feretrum
    Fert subiens humeris : it flens segni pede turba,
    Perque Viam Sacram sistens se sæpius agmen
    Triste onus educit : paries supremus ad imum
    Quisque atra induerat mærens sibi tegmina, mærent
10 Ipsa pavimenta obducto celata tapete.

XLII.

(3) (*The same continued.*)

Ægeus parte senex dextrâ velamina servans
Tristia, rex aderat Theseus flens ipse sinistrâ,
Cymbia uterque ferens, divinum opus, aurea, lacte
Et melle et rubri spumantia munere Bacchi.
5 Proximitate loci et generis (nam sanguine ab uno
Mortuus et Palamon) Palamon succedit, et agmen
Insequitur procerûm : pompæ decus, intulit ignes
Candida celatos, incendia sera rogorum,
Æmilia : inde viro de more amplissima fiunt
10 Sacra, superstitione patrum quæcunque coluntur.
Jam pyra tanta fuit, cui posset vincere summum
Aëra vix Parthi magnâ vi missile telum :
Bis tamen a fundo denas superaverat ulnas,
Inque modum stipulis texta est crepitantibus æquum.

XLIII.

(4) (*The same continued.*)

Exsurgens viridem simulabat fabrica sylvam :
Tum fomes flammæ sulfur, sparsumque bitumen
Intererat tædis ; abies ibi pinguis, et ornus
Hastarum genitrix, flentique simillima taxus,
5 Atque opifex quercus, fagus quoque, et aptior alnus
Fluctibus, et platani, et tiliæ, mollissima ligna,
Et buxus prædura, Deorum et munere laurus

Victori concessa aderant : sed nil moror ordo
Qui fuerit memorare, aut quæ sine nomine nymphæ
10 Sylvarum quamque incolerent, qualive ululatu
Exilium sylvestre sororiaque agmina ducens
Fugerit orba Dryas latebris ; nec dicere versu
Sedibus eversis cœlum mutâsse volucres,
Aut profugas stupuisse feras sua lustra carere
15 Frondibus ; aut jubar immissum formidine lucis
Quot loca perculerit non ante obnoxia soli.

XLIV.

(5)   "All nations now to Rome obedience pay."—MILTON.

Romanos rerum dominos gentesque subactas
Aspice, Romanus princeps dat jura per orbem.
Huic quantum decus imperii ! Premit arbiter oras
Extremas, opibusque potens et moribus addens
5 Arma, armisque artes, civilibus aspera miscet.
Tantarum famam rerum tu jure feroci .
Prætuleris Partho, his sordent tibi cætera demptis,
Barbara, principibus nimium sortita remotis.
10 His te cuncta tenere puta, nam sedulus auctor
Quicquid opum docui, terræ quæ gloria toti.
Languet at ille senex fractusque libidine princeps ;
Sceptra vacant hærede senilia, et ipse receptus
Ad Capreas (parva est sed munitissima ad oras
15 Insula Campanas) parat impurissimus artes
Horrendas, secretâ et polluit otia culpâ.

XLV.

(6)   "I, wretched I, have other fortunes seen."—Dryden.

" Me miseram! quantum mutor Capaneïa conjux
Longè aliâ regina fruebar sorte: sed ille
Occidit ad Thebas: lux heu sceleratior omni
Sustulit; et quam cernis, eo certamine mæret
5 Ante urbem extinctos, sociis quam cinximus armis,
Cætera turba viros, flentes longo agmine matres.
Sed falso qui jure Creon se jactat in arce,
Impius ille senex, Dircæosque arrogat agros,
Ignes et miseris negat ultima jura, sepulcrum,
10 Invidus exanimis et in ipsa cadavera sævus.
Haud rogus, haud tumulus: sed strage oppressa frequenti
Indignatur humus fera fata et jussa tyranni.
Nec venia est miseris tollendi corpus amicis
Flebile, membra canes divellunt mortua rostris."
15   Illi turba comes, dum voce ululabat ad auras
Talia, fletque simul, projectaque pulvere sordet;
Atque supinatis manibus gemituque frequenti
Omnes corda cient, miseris succurrat amicis.

XLVI.

(7)   "In this remembrance Emily, ere day."—Dryden.

Æmilia ante diem surgens, non immemor horum,
   Veste nitet pictâ: non Eös pulchrior, ore

Non Flora* ipsa rubet potior : per candida colla
Luxuries effusa comæ est, quam tænia plexu
5 Parte coërcebat ; temere irreligata protervæ
Cætera ludibrium virgo permiserat auræ.
Vix clarescebat stellis Aurora fugatis
Spargebatque rosas, gelido quum tramite ludens
Cum pede pulchra levi rores libabat in hortis,
10 Conceptura preces et debita vota diei,
Flore puella suo cultum Floralibus addens.
Constitit in spatiis paulum, niveamque roseti
Insinuare manum spinis est ausa rosamque
Ducere ; ducta amát illa sequi, quotque inde legebat,
15 Detersit liquidos quassato stamine rores.
Vincula mox nectit capiti bicoloria, pingens
Flore rubro niveos : liquidâ tum voce peractum
Cantat opus tamque arguto sonat ore puella,
Terricolæ ut numeris lætentur cœlicolæque.
20 Miraturque oblita modos philomela, quibusque
Ver iniens numeris jubeat salvere docetur.

XLVII.

(8)   "The city which thou seest no other deem."—MILTON.

Quam spectas urbem, rerum est pulcherrima Roma,
Ne credas aliam ; terrarum lauta rapinis,

---

* The *Floralia* began on the 29th of April, and ended on the 3rd of May (Ovid, *Fasti*, iv. 947, v. 183-4) ; hence, as *Maia* is the Pleiad, the mother of Mercury, not the month, for which we have *Maius mensis*, *Maiæ Kalendæ*, etc., but never *Maia*, the substitution of *Flora* and *Floralia* for the English "May (personified), May-day," etc., may perhaps be allowed.

Imperium oceano famam quæ terminat astris.
En Capitolinas sedes et Pergama! quali
5 Majestate alias supra caput extulit arces
Una hæc, exsurgens per inexpugnabile saxis
Tarpeium : ecce, Palatinusque et Principis ædes
Circuitu immodico eductâ stant mole sub astra,
Mirandæ ingeniis, magnæ res laudis et artis;
10 Culmina fastigata auro lateque corusca,
Luce suâ distinctus apex, solaria, turres.

XLVIII.

(9)   "So spake he; and was buckling."—MACAULAY.

Dixerat, atque Austro stringebat ephippia nigro;
Ecce autem juvenum a dextrâ par nobile ferri
Vidit equis : una ambobus facies erat, unus
Armorum nitor et niveorum candor equorum;
5 Alterum ab alterius ne quis dignoscere vultu
Posset, at ante oculos iret mortalibus error.
Non illa humanis crepuere incudibus arma,
Nec bibit ullus aquas terrenis fontibus haustas
His sonipes animis : expalluit omine miles
10 Et tremuit viso : primus dictator et Aulus
Faucibus hærentem vix vocem rupit ab ore:
"Dicite," ait, "genus, unde domo, quo nomine clari?
Quidve ita pro signis cinctu fulgetis equestri
Romulidûm?" "Haud uno," referebant, "nomine
    clari,

15 Haud unam incolimus patriam. Samothracia novit,
Novit Cyrene nostrum decus, ædeque nostrâ
Omni festivum suspendens mane Tarentum
Florea serta; Syracusæ superantia malos
Limina nostra vident, nostro freta marmore lucent.
20 At nos Indigetes Eurotas, maximus amnis,
Vindicat; hæc domus, hæc patriæ carissima sedes.
Et nos, Romulidæ, cinctu fulgemus equestri
Pro signis, careat pietas ne vindice vestra."
Sic memorant, et uterque infestam cominus hastam
25 Mirus eques vibrat demissâ cuspide in hostes :
Romanus toto non secius agmine lætus
Extollitque animos gestitque cupidine pugnæ.

XLIX.

(10) *"There lives and works*
A soul in all things."—COWPER.

Insunt nempe omnibus haustus
Ætherii, Deus auctor inest operosus : euntes
Dirigit hic stellas, et vos docet æthere cursus,
Lumina, labentem cœlo quæ ducitis annum.
5 Ille hiemi fines et ineluctabile vinclum
Imposuit, mulcens iras et tela retundens.
Germen et implicuit fusco squalore tenellum
Vaginarum opifex non Ille imitabilis: ante
Proxima concipiens rerum miracula, præsens
10 Quam rosa deperiit quamque hæc defloruit æstas.
Arbiter Hic vitæ magno se corpore miscens
Fit quodcunque vides, et vita animantibus Ipse est.

L.

(11) "Oft list'ning how the hounds and horn."—MILTON.

Sæpius excipio quo cornua murmure, læti
Quo catuli Auroram increpitent tardumque cubile
Tithoni, ut juga per montis canentia et altum
Personuere nemus; sæpe haud invisus ad ulmos
5 Sepibus oppositas obductos cæspite colles
Perlustro viridi, Eōis adversus, ut ortus
Observem, portis; egressus unde superbos
Jam parat electro cinctus flammisque Hyperion;
Perque clientelam nebularum mille colores,
10 Vestes mille trahens varias, jacit; et modo arator
Stridere per sulcos propior, modo dulce puella
Cantare ad mulctram, cotemque intendere messor
Instituit falci; reducemque sub arbuta vallis
Quisque gregem pastor confert et ovile recenset.

LI.

(12) (*The same continued.*)

Mox circumspicio nova gaudia; pascor inani
Mente videns tinctas serâ ferrugine sylvas,
Admissas pecudes, et cana novalia morsu
Detonsa errantûm, et montes qui vertice nudo
5 Sæpe trahunt nimbos innixumque agmen aquarum.
Tum juvat appictus per prata nitentia cultu
Flosculus, aut breviora vada, aut latissimus amnis.

Hîc sese insinuâre locis sylvestribus arces,
Mœnia queis tumidæ, ambitiosa cacumina, fagi
10 Cinxere; his forsan lateat miranda puella,
Sidereoque trahat vultu sibi lumina: fumus
Nec procul inde casæ, geminis quæ quercubus exstat
Annosis media: hîc Corydon cum Thyrside miscet
Congrediens escas, et agrestia fercula Phyllis
15 Dextera munditiis herbas contundit olentes.
Quæ tugurî hospitio cedit cito, Thestyli, tecum
Collatura operas Cerealibus hordea culmis
Stringente; aut si ducat opus maturior hora,
Pascua sicca petit flavi studiosa manipli.

LII.

(13) "Arcite return'd, and, as in honour ty'd."—DRYDEN.

Arcites rediit victumque torumque paravit,
Namque hosti hospitium pudor imperat: armaque binis
Tegmina corporibus nondum lucente petivit
Aurorâ, quod eques præ se religârat onusto
5 Pondus equo: lorica erat utraque lucida ferro
Et purum ignis opus; qualis defenderet ictus
Tantos et dextras tantas: jam quique vocârat
Quemque vocârat adest, quâque et quo tempore pactum est.
Ut coram adsteterunt, longe cognôrat uterque
10 Hostem, et mutato rabies exarserat ore.

Qualis ubi infestâ Threx armentarius hastâ
Stat servans aditus, fugientes optat et ursos;
Dum quassata procul magno monet ire fragore
Sylva feram : notat, et " quo non capitalior," inquit,
" Hostis adest, subitâ tollendus cuspide, nobis
15 " Ni ferat ille necem." Secum dum talia, vibrat
Tela, parant venæ generosis frigora membris,
Fortia sed refluus coït in præcordia sanguis.

LIII.

(14)   "Thus pale they meet; their eyes with fury burn."

Haud secus adversi pallent, stant lumina flammâ
Effera; ab invitis voces dare, reddere, neutrâ
Parte salutatur; sed torve obmutuit armans,
Fratris id officium manifesto in Marte, virum vir.
5 Nec mora, procursant infestis cominus hastis,
Remve gerunt gladiis; mucrone acieve lacessunt;
Hic ferit, ille fodit, cædit, premit ictibus ictus.
Loricam explorat, tenuissima quæque requirens,
Hasta; furit Mars æquus, et hora supervenit horam,
10 Tædia longa : flagrant in mutua vulnera dextris,
Cæde madent ambo, pede nec conceditur ulli,
Ceu statione istâ victoria pendeat orbis.
Ecce, inimicus atrox Arcites, tigridis instar,
Bella ciet, Palamona feri rapit ira leonis:
15 Seu quales, geminis si quando amor incidit unus,

Horrescunt setis spumescunt faucibus apri,
Et dente adversos obliquant vulnera in armos
Fulmineo; gemitu immani sylva intonat omnis
Frendentûmque fragore sonat: sic miles uterque
20 Depugnat, certaturus sine fine, recidant
Ni Parcæ pugnas, et idoneus arbiter exstet.

LIV.

(15) "Thence to the gates cast round thine eye, and see."—MILTON.

Inde oculos refer ad portas : urbs undique quantam
Intranti oppositam totis vomit arcibus undam!
Sorte datas Prætor sedes, pro consule missus
Munera adit ; jactans redit inde insignia, fasces
5 Lictoresque, potestatis, trabeatus : at arma
Fert legio, et turmas glomeratque cohortibus alas.
Adsunt oratum variis de gente remotâ
Vestibus, Æmiliam emensi, quosve Appia defert :
Hos plaga sub curru Phœbi propiore Syene
10 Ultima, at hos Meroë, cui sol æquissimus umbras
Dividit ancipites, Nilo circumflua mittit
Insula, et occiduis Bocchus vicinior astris,
Ad mare porrectus Numidûm : mox Aside ab orâ
Missi adsunt, Parthi ante omnes ; quosque India,
  et auri
15 Ditior educit regio pæninsula; quosque
Indica Taprobane, Eöi Thule ultima ponti ;
Omnibus alba nigræ circumdata serica fronti.

Tum Galli, et Calpe, occiduoque a sole Britanni,
Et Cimbri atque Scythæ, et septem gens juncta trioni
20 Sarmata, transque Istrum quos Taurica perluit unda.

LV.

(16) "Who loves a garden loves a greenhouse too."—COWPER.

Si quis amas hortos, tibi vitrea claustra placebunt.
Exulat his felix, mutari nescia cœlum,
Tuta calore loci, peregrino flore venusta
Sylvula, dum Boreas fremit et toto aëre ningit.
5 His formosa apices non decussura virescit
Myrtus, et Hesperia ulterior quæ munera jactat
Aurea, mitescunt, et quæ sub sole calentes
Occiduo præbent Indi; sunt altera rubra,
Altera sed pallent acidos celantia succos.
10 Hîc nimbos levi de tegmine prospicit arbor
Utraque, derisura minas sine fraude procellæ.
Hîc flore et bacis miscentur vimina amomi,
Puniceoque nitent perfusa gerania* cocco;
Distinguitque suos, splendens bellissimus, ignes
15 Ficöides, tardas expectans flore pruinas.
Tum nullâ non fronde hiemem quæ torva tuentem
Ferre queat, morsu modo non obnoxia acerbo,
Felix sylva viget: solis sub origine matrem
Hæ repetunt Syriam, Ausonias pars altera sedes.

* This name and *ficoïdes* following lack poetical authority, and the second, as far as I know, has no place in Latin. They are here treated as proper names merely, which may excuse the arbitrary lengthening of the ă from γερανος, and shortening of the ī from ειδής.

LVI.

(17) . . . . . " No forest fell
When thou would'st build."—Cowper.

Non sylvæ artifici tibi procubuere recisæ,
Nec sua saxa Paros misit; lympha ipsa securim
Visa pati, sculptisque exstabant marmora ab undis.
Tum quali stupuit sede Oceanitida matrem,
5 Amissas questurus apes et mellea furta
Tristis Aristæus, tales patuere cavernæ.
Arcibus his tibi, Musa, armamentaria Brumæ
Fingas; unde agmen cœlorum et cærulus imber
Bella parent, læsura cutem crystallina tela,
10 Aut quæ grandineo prosternant pondere florem,
Quæve nives misero fallant vestigia eunti
Cæco errore viæ, volventes viva sepulcris
Corpora. Ibi surgens per mira silentia somni
Fit domus : haud serræ obstrepuere haud malleus
    antris,
15 Sed partes, glacie glaciem cogente, tenaces
Inter se fusâ coïerunt undique lymphâ.
Gratia, ceu lychnis nullo non lumine tinctis,
Artifici variata manu radiatur ab omni
Parte, micatque vitrum luci penetrabile aquosæ;
20 Ut credas lunæ nasci nova cornua, ut ire
Cœlitus ad terras sidus, cursuque sereno
Innocuos ignes longosque albescere tractus.

LVII.

(18) "The stable yields a stercoraceous heap."—COWPER.

Pingue fimo stabulum immundos præbebit acervos :
His vivos natura sales, tardosque calores,
Nescia hyperboreis vinci fermenta pruinis,
Subdidit : ante etenim sylvis quam fagus et ulmus
5 Deciduas posuere comas, flatuque Novembris
Jampridem rigido astrictus sub cortice succus
Constitit, accingendum operi, summâque petendus
Arte locus laterum aspectu circum undique tutus.
Huc densas glomerare operas, ut vinea soles
10 Suspiciat medios et apricâ fronte calescat ;
Omnia at a tergo bene tecta fovere memento,
Seu muro, seu sepe placet, seu claudere juncis,
Pellere qui possint Boreæ penetrabile frigus.
Tum bibulas sterni filices stipulasque maniplis
15 Effusas, nebulam hausturas fumosque volucres,
Profuit : inde manu, modo ne trepidante, solutos
E gravidis leviter culmos superinjice furcis
Tu saturos : tum, quod stringat bene claustra, tenaci
Robore texe latus justâ teres arte ; soloque
20 Latius exsurgens impendeat undique culmen.
Cratitium succedit opus, compagibus arctum
Undique, et obducto transmittens lumina vitro :
Erige, et acclivi sedeat super aggere dorso.
Dorsa resultantes acuantur vertice ad imbres,
25 Sitque ira illisæ pluvii Jovis irrita lamnæ.
Claude latus ; clauso est pars prima exhausta laboris.

LVIII.

(19) "The sequel of to-day unsolders all."—TENNYSON.

 Altera lux solvet foedus collegiaque armis
 Inclyta, quale decus nullum memoratur ab aevo.
 Tali pressa jacent somno mihi pectora frustra
 Juncta fide! Puto, non Camelodunensibus hortis
5 Tempore venturo, non nos spatiabimur aulis;
 Nec sermone retractantes gratissima menti,
 Heroüm laudes solesque iterabimus actos!
 En, ego quos feci populum pereo ipse meorum
 Fraude miser! Reduci sed enim regna altera vates
10 Testatus superos cecinit mihi: debita currant
 Fata tamen: neque enim potero penetrabile vulnus
 Quod mihi per galeam sedit tolerare, nec ortus,
 Ni quis opem tulerit, sperare licebit Eöos.
 Ergo age, tu ferrum magico cape nomine clarum,
15 Et nostrae partem, meministi, laudis; ab ipso
 Quod sublime sinu stagni manus aequore surgens,
 Induta et magicos candentia serica amictus,
 Mira loquor, medio aestivi sub sole diei,
 Hei mihi! praeteriti, mediis porrexit ab undis.
20 Quid multa? Exsupero remex vada, et arma prehensa
 Rex gessi ut decuit regem; nec laude carebit
 Hoc factum, quâcunque canar, quâcunque per orbem
 Dicar. Sed cape jam, neu sit mora, et eminus ensem
 Correptum, medio missum aequore, projice in undas;
25 Cunctaque nosce oculis, refer et cito cognita nobis.

LIX.

(20) "Then first I heard the voice of her, to whom."—TENNYSON.

    Tum mihi prima Deæ cœlo vox fertur ad aures
    Cui, simul ingreditur, consensu assurgit Olympus;
    Qualis enim lampas radiis, inclaruit ore
    Amplior illucens.   Paridi regina ferebat
5 Regale imperium, nullo obtrectante; ter amplis
    Finibus adjiciebat opes sine fine, superbi
    Par decus id regni : "valles ubi," dixit, "opimas
    Vestiit alma Ceres, ubi flava interluit amnis
    Arva secans, ubi inexhaustis manus æra metallis
10 Exsudat, tibi honor, tibi opes, portoria, largo
    Vectigale fluent : cinctas regionibus urbes
    Tu ditione premes, seu quæ tenet obsita malis
    Umbrosos portus atque arcibus innatat undis,
    Atque videt vitreo claudi sua Pergama Averno."

LX.

(21) "Mine eye, descending from the hill, surveys."—DENHAM.

    Per juga deflexo contemplor lumine valles,
    Per quas lascivo Thamesis devolvitur amne,
    Filius Oceani Thamesis, gratissimus unus
    Ille seni, et pendens undas, pietatis imago,
5 Currit in amplexus patrios : ita defluit ævum
    Mortale æternis condens sua tempora sæclis.
    Quamvis Eridani non æmulus ille Tagive,

Ut fluat Heliadum lacrymis spumosus, ut auro
Turbidus; at dives sine noxâ et fraude sub alveo
10 Nil celat, si quæris opes circumspice ripas.
His gaza est: super has effusis incubat arvo
Stagnis, excludenda fovens sua munera vere.
Nec tamen hæret in amplexu, fetumque fovendo
Angit, ut infantem imprudens nutricula pressit:
15 Gurgite nec refluo raptor sua dona resorbet,
Quæ temere addiderat, ceu rex profusior æquo.
Non necopinatis frustrans incursibus anni
Spem saturat messes, hominumque boumque labores
Diluit; at Superûm ritu largitor agrestes
20 Ditat inexhaustus, ditatos diligit ultro.
Adde quod haud ripis præfinit munera; cunctis
Cuncta fluunt, pontoque magis communia et ipso
Liberiora Noto. Terras nam visit onustus
Riparum spoliis plenoque a litore felix.
25 Hæc jactat vagus et, quum vult, dispertit in orbem
Munera, velivolisque domum redit arcibus Indos
Dives utrosque addens nobis; quodque exstet in orbe
Quærit opum tribuitque inopi, ut deserta colantur
Urbe loca, atque ultro mediâ nemus urbe virescat.
30 Orbis merce nites, Thamesis, toto æquore, nobis
Ne quid inexperti, ne quis peregrinus in orbe.
O utinam ista fluam referens exempla fluenti
Teque ornem ornato similis; simque altus at idem
35 Purus! Sim, liceat, lenis neque segnis eundo,
Et rabie fortis demptâque voragine plenus;
Atque imiter sine vortice aquas sine murmure lapsas!

LXI.

(22) "So said he, and the barge with oar and sail."—Tennyson.

    Dixerat, et remis velisque e margine cymba
    Qualis olor cessit, plenis qui turgidus alis,
    Indoctum exspirans moribundo e pectore carmen,
    Per colla excutiens niveas purissima plumas,
5 Palmulâ aquas livente capit: vestigia rerum
    Multa diu volvens steterat comes; usque nigrescens
    Dum mera fit macula extremos adversa per ortus
    Cymbula visa procul, periitque ululatus ab undis.

LXII.

(23) "The trumpets next the gate in order plac'd."—Dryden.

    Ordinibus tuba multa suis stat proxima portis,
    Quo signo canat expectans, quo provocet arma.
    Per spatia aularum, velut unda supervenit undam,
    Fluctuat, adque latus premit ultima turba priorem,
5 Usque sed in medio densissima; vulgus at extra
    Exclusum est, solisque patet melioribus aula;
    Fit globus hîc, illic spatiantur in ordine amici.
    Jam commentantur, jam fingunt seria vultu
    Colloquioque; placent partes studiumque favorque,
10 Seu quia ficta valent, seu mens infirmior errat.
    Pignoribus certant in vota; placetque frequenti
    Turbæ candidior leviter rex sole per ora
    Conspersus, barbâ auricomâ; tum, "qualia ocellis

Lumina," quisque fremit, " majestas qualis ab uncis
15 Naribus emineat, ceu sit Jovis armiger ales."
Sed plures oculos captat rex nigrior; armos
Luxuriansque toris pectus spectantque lacertos.
Arboream laudant hastam, morsuque bipennem
Ancipiti infestam, gestamen utrumque gigantis.
20 Mobile pro studiis vulgus diversa frementes,
Securus sibi quisque, aliis funesta canebant.

LXIII.

(24)   " O Winter, ruler of the inverted year."—Cowper.

Tristis Hiems, raros glaciali aspergine crines
Ceu cinere impleris, verso dominaris et anno.
Halitus ipse gelat tibi labra, rigensque pruinâ
Canities mentum inspicat, non illa senilis,
5 Sparsa genis; nimbis obnubere tempora, ramus
Fronde carens sceptrum, nulloque volubilis orbe
Radit iter currus levi per lubrica lapsu
Vique procellarum pernix: inamabilis ut sis
Visa, places nobis, quâ tu formidine gentes
10 Cunque premas: nam te Phœbus custode tenetur
Nequicquam tentans ortus, spatioque minore
Sentit iter fieri quo matutinus ad arces
Jam properet medias: eadem non passa morari
Urges, et roseos intercipis æquore currus,
15 Deque die partem demis, sed dempta reponis,

Sermonumque vices et culta sodalibus addens
Otia: tu subito revocas quam sparserat hora,
Conciliasque domum; nec secius ægra diurno
Munere corda foves ut rursum in se ipsa residant.

LXIV.

(25) "All in a moment through the gloom were seen."—MILTON.

Undique continuo mediâ e caligine surgunt
Millia signorum, piceas jactantia ad auras
Versicolor decus Eōum: simul agmina crescunt
Spissa jubis, simul hastarum densissima sylva,
5 Et clypei clypeis, alæ clauduntur ab alis:
Haud modus, haud numerus. Mox it justissima ab omni
Parte instructa phalanx; servans vestigia Doris
Fistula mulcet iter mollique foramine buxus:
Quale melos suasit virtutem heroïbus olim
10 Egregiosque animos, rabiemque etiam arma moventes
Dedocuit; sed stare loco dedit, immotosque
Admonuit spretâ firmissima pectora morte;
Et vetuit dare terga fugâ turpive receptu.

LXV.

(26) "Hast thou a charm to stay the morning star."—COLERIDGE.

Queis potes illecebris scandentes cærula currus
Sistere Luciferi? Tam lentis vertice nudo

Pendet equis, ingens rerum caput Alpinarum,
Ille tuo, dum vallem Arve Arvironque per imam
5 Usque fremunt fluvii : facies quam, numinis instar,
Dira tibi ! At circum, tanquam stet pineus æquor,
Sylva immota silet : tu cingeris arduus atro
Aëre, tanquam ebeni solidâ caligine septus
Desuper ; at cuneatus apex ea robora rupit,
10 Dissiluitque polus : referens sed lumina sedes
Te retinere tuas video, crystallina montis
Cœlicolæ delubra, æternâ pace serena.

LXVI.

(27) "The current, that with gentle murmur glides."—SHAKSPEARE.

Cernis ut allapsus lento cum murmure adactâ
Mole eat impatiens et ab objice sævior amnis.
Sin fluat illæsus, picto resonante lapillo
Dulce crepat melos, atque ulvis levia oscula figit,
5 Quot sacro cursu assequitur : sic devius error
Defluit, et tardis sinuans ambagibus undas
Ludit iter liquidum, oceano immiscerier alto
Se cupiens : mihi sic cursus permitte secundos ;
Sic ego mitis ero, lento quoque mollior amne.
10 Sic mihi ludus erit, studio fallente laborem,
Tædia ; dum suprema trahens vestigia amato
Reddar amans : ibi ut Elysio pia functa labore
Umbra manet, requiemque æternaque gaudia carpam.

LXVII.

(28) .... "At last appear
Hell-bounds, high reaching."—MILTON.

Tandem in conspectu surgunt, quos Tartara fines
Ultima habent, eductæ infanda ad tecta columnæ.
Ter ternas habuere fores, tres ære revinctas,
Tres ferro, solidus teloque impervius omni
5 Tres adamas firmat, flammis circum undique septas,
Nec tamen exesas : duplex custodia visa est
Vestibulo, diræ facies quæ limina servant :
Candida fæmineâ medio tenus altera formâ,
Deinceps vasta tamen, sinuansque volumina subter,
10 Desinit in squamas succincta per inguina nexu
Anguineo et dente infesto : latrantia monstra
Pone trahi visa, horrisonoque immanis hiatu
Cerberus attollens centum circumtonat ora.
Sed placet interdum celari; uterosque sub ipsos,
15 Si quid obest, pestis se corripit; nec tamen ipsos
Fit requies uteros quin impleat usque ululatu
Cæca imos.   Non lauta mari, quod dividit oram
Trinacriâ Calabram, tales Scylla horruit hydros,
Nec magis obscænas Hecate trahit agmine Diras
20 Noctivago, juvat ut magicâ clam voce vocatam
Aërias carpsisse vias, et sanguine nares
Implêsse infantum; Borealis saga choreas
Quum miscet, Stygiasque artes exosa laborat
Phœbe deficiens.   Forma altera (dicere formam

25 Quæ stetit informis, liceat, cui membra nec artus
   Nec pars certa loco; moles, seu corporis umbra,
   Ancepsve alternâ specie,) nocte atrior ipsâ,
   Torva decem rabie Furias, terroribus æquat
30 Tartara; at e dextrâ telum furiale minatur,
   Quodque caput visum est regis fert fronte coronas.

LXVIII.

(29) "That day I oft remember, when from sleep."—MILTON.

Quam memini, quâ prima die resoluta sopore
Me stupui exsomnis molli recubare sub umbrâ
Flore; ibi dum jacui meditabar inania rerum,
Quove loco, quidve ipsa forem, quâ forte venirem,
5 Undeve ducta rogans? Sed aquarum fertur ad aures
Haud procul inde sonus, lymphasque exire loquaces
Nosco antris, videoque effusi fluminis æquor
Immotum, vivosque lacus magis æthere puros.
Carpsi iter, adque sinus ignara locique meique
10 Procubui herbosos; vitrea et mox stagna tuebar
Desuper: en, flexis stabat polus alter ocellis,
Et geminæ cœli facies; tum forma tuenti
Adversa, et speculum radiabat imagine aquosum
Me cupiente: pedem referebam, retulit illa
15 Se; redii sed amans, rediit sed amantior ultro;
Et simili affectu petere et dare conscia visa est
Obtutus; potuique etiamnum fixa manere,
Et desiderio languentem pascere inani

Usque animum ad ripas, ni vox venisset ad aures:
20 " Quam formosa vides ipsius crede figuram;
  " Te fugiente fugit redit et redeunte: sed adsis,
  " Me duce devenies verum, non corporis umbram.
  " Hic manet adventus molles, cui debita figas
  " Oscula, cui formam visa est tua forma referre.
25 " Hunc, thalamo junctum stabili, tu prole parentem
  " Innumerâ facies, et magna ab origine mater
  " Ipsa hominum audieris."

LXIX.

(30)   "So on he fares, and to the border comes."—MILTON.

  Pergit ita, et fines aperit Paradisus amœnos
  Jam propior; virides, ceu rustica mœnia, colles
  Cingunt immensi capita avia ruris, et horret
  Vepribus intonsis laterum dejectus, agresti
5 Senta situ nec amica pedi loca: desuper ingens
  Pendet sylva comis et inexsuperabilis umbrâ,
  Cum patulâ cedrus palmâ, cumque abiete pinus,
  Mirandi simulans spectacula longa theatri:
  Ordineque exsurgunt umbrisque prementibus umbras
10 Arboreæ frondes et ramis scena coruscis.
  Ambitiosa tamen Paradisi mœnia ad auras
  Stantque virentque nemus super omne; ut copia visûs
  Fiat ibi genitori hominum, dum prospicit orbem
  Infra se positum penitusque adfinia regna.

LXX.

(31) "What wonder, then, if fields and regions here."—MILTON.

    Quis stupet ergo istos toto passim æquore campos
    Felices spirare auraï simplicis igncm,
    Quis potari aurum fluviis, si semina rerum
    Tot mirandarum Titan variosque colores,
5 Arte Prometheâ cœlestis Mulciber, addit,
    Temperie tactuque potens, procul inde remotis
    Vel nobis, ubi nox et terreus officit humor?
    Lucifer hîc nova miratur, non ille retortis
    Cuncta oculis, nam cuncta tenet; simul objice et umbrâ
10 Visa carent, pariter jubar est quodcunque videtur;
    Ceu quum solstitium medias a vertice terras
    Perculit: hîc etenim penitus ferit æthera sursum
    Undique inoffensum lumen, neque corpus obumbrat
    Hîc ullum cœlos, nec factus opacior ullâ est
15 Parte polus, sed visum acuens tenuissimus aër
    Longinqua adducit.

Section V.

LATIN LYRICS.

LXXI.
(SAPPHICS.)
(1) "I am this fountain's god; below."—FLETCHER.

Sum potens fontis deus hujus: infra
Crescit in rivum mea lympha, et inter
Consita ex utrâque salicta ripâ
    Non nisi in udo
5 Læta, delabens secat unda pratum, et
Ambitu serpit sinuosa multo, et
Alveos quærens redit æquiores
    Sæpius in se.

LXXII.
(SAPPHICS.)
(2) "To grass, or leaf, or fruit, or wall."—COWPER.

Cochlea haud lapsûs metuens inhæret
Pariete et ficu, foliisque et herbis;
Pars ut innasci videatur istic
    Testaque et ipsa.
5 Conditur secura ibi convoluta,
Sive cœlestes aqua ducat iras,
Sive tempestas aliud pericli
    Cunque minetur.
Cornibus strictis simul illa sensit
10 Vel leves tactus, adeo coactis
Se capit membris, abit, et latebris
    Æstuat irâ.

LXXIII.

(SAPPHICS.)

(3) (*The same continued.*)

   Sicubi sedes colat illa, solas
   Optat; his secum fruitur, nec extra
   Se petens quicquam, fieri supellex
      Vult sibi tota.
5 Sic eremitæ juvat acta vita,
   Absque convictu sociisve mensis;
   Seu qua sit conviva, edit illa tanto
      Ocyus escas.
   Ipsa quem fallat, domibus repertis,
10 Cæcior cæcis merito vocetur;
   Lege tam strictâ placet usque jungi
      Incolam et ædes.

LXXIV.

(SAPPHICS.)

(4) " Gather ye rose buds while ye may."—HERRICK.

   Dum licet flores, fugit invida ætas,
   Carpite æstivos; hodierna vobis
   Quæ brevis ridet rosa cras soluta
      Morte jacebit.
5 Lampas et cœli decus ille Phœbus,
   Quo magis curru rapit alta templa,

Cursibus tanto citius peractis
   Ibit in undas.
Optima ætatis fugit hora princeps,
10 Caldior venis salit ut juventa;
   Pejor absumptâ subit, et suprema
      Pessima quæque est.
Quid fugax cessas? Abit hora amoris
Justa; tempestiva puella nube.
15 Excidat cui flos semel, omne virgo
      Sperat in ævum.

LXXV.

(SAPPHICS.)

(5) Fabula Sæcularis.

Janus. Perge tu, Saturne, age, perge pennis:
Phœbus in centum revolutus orbes,
Aureæ zonæ spatiis peractis,
   Ambiit astra
5 Centies: en, jam manifesta meta est,
Præpes impletas quate lætus alas.
Saturnus. Quippe quem dudum pigeat ferendi
   Ponderis, adsum
      Tardus: excussus mihi fascis esto;
10 His lever terris, hominumque prole:
Alterum nam non potero per annum
   Munus obire.

Momus. O bone, excussus mihi risus esto!
　　　　Euge; mox ibis levior repostâ
　　15 Sarcinâ: vecors fuit usque ab ortu
　　　　Hic globus ipso.
　　　　Quumque tu, Saturne, ego, et ipse Bifrons,
　　　　Tempori adsimus moderamen impar,
　　　　Temperet fletu melior cachinnus
　　20　Improba sæcla.

LXXVI.

(SAPPHICS.)

(6) (*The same continued.*)

Janus. Quæris in terris tibi, Mome, risum:
　　　　Tuque jam spectacla, senex, reclude,
　　　　Auctor ævorum; videat peractis
　　　　　Tempora fastis
　　5 Quas vices rerum dederint.
Saturnus. 　　　　　　　　　　　　　Agamus:
　　　　Incipe, argenteis Dea clara telis.
Diana. Excitans lucem catulisque cornuque,
　　　　　Ad fruticeti
　　10 Tramites accingor, et expeditis
　　　　Veste succinctâ propero in cothurnis,
　　　　Cornibus frontem redimita lunæ:
　　　　　Inde fugacem
　　　　Insequor cervum excipioque vulpem,
　　15 Aut capram cursu quatio per alta

Saxa; clamantumque ululatus axem
    Rumpit, et Echo
Fitque venatrix iteratque voces.
JANUS. Ipse flos nostri fuit illud ævi
20 Tempus.

SATURNUS.   Intactum rabie—
DIANA.   Nec ullâ
    Lugubre culpâ.
MOMUS. Perque festivum, bibulum et choreis
25 Deditum tempus; male sobriorum
Corda tum vino genium fovebant
Nescia curæ.

LXXVII.

(SAPPHICS.)

(7) (*The same continued.*)

MARS. Æs sonet flatu sonet æs canorum;
Provocat sæclum, nucibus relictis,
Gloria excretum; ciet arma vibrans
    Gloria gentes.
5 Martios ignes animus virilis
Concipit, flagrans rabie et pudore;
Mars polum aspectu rubefecit ipso, et
    Segne refugit
Pax bonum terris, et opes, et otî
10 Gaudia; agrestem virides colorem
Tramites mutant, Tyriosque fucos
    Combibit herba.

LXXVIII.

(SAPPHICS.)

(8) (*The same continued.*)

Tympanum pulsu strepet, æra cantu.
Personat terras abigitque somnos
Armiger Mavors; rapit ardor omnem
    Martius orbem.
Mom. 5 Terra, vaginâ gladium premente,
Sit sibi concors, potiusque toto
Dormiat sæclo tibi quam recusis
    Excubet armis.
Quid facis stultos nisi rariores,
10 Sedulus perdens operam, relapsis
Rebus, ut, nullo superante, palma
    Pendeat anceps?

LXXIX.

(SAPPHICS.)

(9) "All hail! inexorable Lord!"—BURNS.

Raptor, haud ullis precibus movende,
Voce qui magnos mala fulminante
Excutis reges opibus superbis,
    Maxime, salve!
5 Quem ferum semper comitatur agmen,
Quem Dolor circumvolat atque Luctus;

Lugubri salvere jubemus omnem
    Voce catervam.
Figor, et vultu sedet horror exspes,
10 Tela dum torques, penitusque corde
Copulâ vulnus tenerum resectâ
    Sedit in imo.
Obrutus nondum timeo procellas;
Jamque securum ferit, et sacratum
15 Densior circa caput atriorque
    Ingruit imber.

LXXX.

(SAPPHICS.)

(10) (*The same continued.*)

Tuque quam vivi trepidant Potestas,
Vita dum grata est, miseram vocantis
Audias vocem; neque enim expavesco
    Tela minantem
5 Deprecans; ultro fer opem; benignam
Provoco dextram: miseri tumultus
Quando erunt mentis tibi submovendi?
    O ubi luce
Cedam, et irruptâ requie perosus
10 Tristia et vitam fruar; ægra quando
Pulverem nactus tumulique compos
    Corda resolvam?

Tum timor nullus quatiet, genasve
Tinget exsangues lacryma; at tenebor,
15 Et tuæ stringar metuente solvi
    Frigore dextræ.

LXXXI.

(SAPPHICS.)

(11) "Distracted with care."—WALSH.

Phyllida infelix sibi non movendam
Deperit Damon; face dum puellæ
Nil spei dantis male maceratur;
    Non tulit æger
5 Vulnus; immanes furialis arces
Scandit, in præceps, meditans, ruinâ
Sesuper factâ, subitum dolori
    Quærere finem.
Jam puer nactus scopulos frequenti
10 Cote dejectus et acuta leto
Saxa et immensum stupuit profundum:
    Queis sibi visis
Cogitat tristis, stimulos recensens,
Posse amatorem nova ferre vincla,
15 Nec tamen cervice caput refractâ
    Posse reponi;
Et dari mortem sibi se volente,
Esse sed quantum dederint Sorores

Cuique vivendum.   Pudet inde cæpti
20   Finis amorum :
Crescat in pejus dolor, at ferendus :
Virque jam constans animo, dolore
Fortiter spreto, tenues requirit
   Ille Penates.

LXXXII.

(SAPPHICS.)

(12) "Lately on yonder swelling bush."—WALLER.

Quâ novas trudunt fruticeta virgas
Prole venturâ gravidas rosarum,
Hæc rubescebat modo parte prodens
   Gemma colores :
5 Ut fuit carpsi tamen ; exit inde,
Antea impubes, aperitque risus ;
Jamque distinguens rubet, ecce, plenos
   Flosculus orbes.
Dum rosæ scintilla fovetur usque
10 Spiritu nostro, sibi purpuræ vim
Flammeam duxit, quasi semen ignis
   Gemma fuisset,
Postmodo arsurum face luculentâ :
Sic quod in pullo* voluere soles
15 Flore, quod ventus fieri, peregit

* Comp. HOR. Carm., i. 25, 18, Gaudeat pullâ magis atque myrto.
and Epod., 16, 46, Suamque pulla ficus ornat arborem.

G

Halitus oris.
Hoc mero flatu potui; quid ergo
Non amans idem potero, paratur
Quando amor, quando lyra, Flaviæque
20   Quum movet ignes
Iste, qui flori properabat horam,
Unde vel segnes caluere gemmæ,
Iste, ut in pectus calidum juventâ
    Spiritus ibit?

LXXXIII.

(ALCAICS.)

(13) "Ancient dame, how wide and vast."—COWPER.

Annosa, quantos adnumeras tibi
Fastos! stupemus, quale sumus genus,
    Completa, tot dum volvis annos,
        Orbe suo tua sæcla condi.
5 Nos impotenti de grege volvimur
Angustiorem temporis in modum,
    Nos tenuiores, quosque vitæ
        Summa brevis miseros coërcet.
Nos optat escas, eque utero rapit
10 In prole prædam Mors volucri magis
    Umbrâ fugaces; crescit Orco
        Inque rogos alitur propago.
Crudescit ipsis deliciis malum,

Ipsâque morbi semen inest dape;
15　　　　Hos pestis improvisa tollit,
　　　　　Hos minuit mora longa tabis.
　　Sin vita præscriptum superet, seni
　　Quid restat ultro? Scilicet ut sibi
　　　　Funesta delirans sequatur
20　　　　Somnia depereatque nugas.

LXXXIV.

(ALCAICS.)

(14) "The star that bids the shepherd fold."—MILTON.

　　Jam stella, cogat pastor oves monens,
　　Cœli supremis imminet arcibus,
　　　　Fluctuque prolutos Atlantis
　　　　　Phœbus equos rutilumque pronus
5　Restinguit axem; dum jubar arduum
　　Caliginosos subjicit in polos
　　　　Devexus, alternamque metam
　　　　　Ad thalamos Orientis optat
　　Transire: salvete, interea joci
10　Clamore juncti noctivago, chorus
　　　　Non siccus, evantes, adeste,
　　　　　Orgiaque, illicitique ludi,
　　Serto capillos impliciti rosæ,
　　Stillante odores, vina liquentia
15　　　　Stillante; cesserunt Catones
　　　　　Jam cubitum, monitorque morum

Cessit senilis; Socratico madens
Sermone dormit, nulla crepans dicax
    Præcepta; nos exercet ignis
20   Purior atque imitatus astra.

LXXXV.

(ALCAICS.)

(15) " 'Tis time this heart should be unmoved."—BYRON.

Dudum moveri desierit sinus
Immobilem qui senserit alterum :
    Ast, ipse quamvis haud amandus,
      Fas sit amem. Periit juventæ
5 Flos omnis, aret pampineum decus
Exsors racemo et palmite; me manet
    Eruca robigoque solum;
      Me dolor: heu populante pectus
Absumor igni solus, inhospita ut
10 Sentit Cyclopes insula, nec focis
    Tædas ministrat; solus uror
      Sic ego, sic rogus ipse fio.

LXXXVI.

(ALCAICS.)

(16) (*The same continued.*)

Sperare non est, non tremere æmulum
Non, quæ doloris pars generosior,

Sentire sublimes amoris
    Fas mihi jam stimulos, sed uri
5 Tantum catenis! Nec tamen his locus,
  Aptusve curis queis agitor dies,
    Quo laurus heroûm feretra
      Ambiit, impediitve frontes.
  En signa et enses! en aciem vocant
10 Et laus et Hellas! poscimur: haud dedit
    Spartanus in scuto relatus
      Pectora liberiora morti.

LXXXVII.

(ALCAICS.)

(17) "Sweet Echo, sweetest nymph, that liv'st unseen."—MILTON.

  O Nympha, testæ dulce decus tuæ,
  Echo, sub auras abdita, seu latens
    Quâ segne Mæandri fluentis
      Ripa viret, violæve pingunt
5 Valles, amorem quâ bene perditum
  Decantat Atthis nocte avis: an potes
    Narrare Narcissi tenellam
      Par juvenum referens figuram?
  O, si sub antro tu pueros mihi
10 Celas rosarum floribus obsito,
    Quo furta condantur locorum
      Dic modo, dulcisonæ loquelæ

Regina, cœli filia concavi;
Sic rapta'tangas æthera, sic souo
15   Crescant repercusso Deorum
       Carmina, bis placitura Olympo.

LXXXVIII.

(ALCAICS.)

(18) "Start not—nor deem my spirit fled."—BYRON.

Mireris? aut nos jam nihil amplius
Spirare credas? En caput unicum
    Unde exit,—o si sic cerebra
       Viva forent!—nihil inficeti.
5 Ut tu, puellis aptior et mero
Vixi, sed actum est! jam cape Massico
    Explenda quæ tellus resignat
       Ossa; nihil queror, osculatur
Eruca pejus. Pascere sordidos
10 Malimne vermes, an laticis capax
    Splendere? Dem mensis Deorum
       Pocula, bestiolæve prædam?

LXXXIX.

(ALCAICS.)

(19) (*The same continued.*)

Festivus olim, nunc adero salis
Minister; ex me prome facetias,

Hospes : quid extinctum cerebrum
    Restituat potius Falerno?
5 Dum fas, bibendum : te quoque cum tuis,
  Ut nos, sepultum gens nova suscitet
    Ad vina rursum barbitonque
      Ossa, nefas! rapiens sub auras.
Quid obstat? Ergo quod spatio brevi
10 Tantum nocebas, fas, caput, exuas
    Cum tabe vermes, inque vitæ
      Tandem aliquos revoceris usus.

XC.

(ALCAICS.)

(20) " When coldness wraps this suffering clay."—BYRON.

Quum frigus ambit membra laboribus
Defuncta, quo mens ignea, non mori,
    Errare non se passa, cæcas
      Aufugit exuvias relinquens?
5 An tum recenset mole carens, eant
  Quot astra cœlo, singula consequens?
    An complet unâ vi profundum,
      Fitque oculus, fruiturque signis?
Æterna, solvi nescia, finibus
10 Immunis; ipsa at mens mera, perspicax
    Cœlique terrarumque, quondam
      Visa iterans, nova quæque lustrans,

Tum fiet ævi conscia quod prius
Egisse vix se credat, et in dies
15   Reflexa decursos, in unam
Quicquid erat revocabit horam.

XCI.

(ALCAICS.)

(21) "When Time, or soon or late, shall bring."—BYRON.

Oblivio! quum serius ocyus
Nox imminebit quæ sine somniis
Ducat soporem, tu cubile
Languidulo foveas susurro
5 Alarum: at absint qui socii fleant
Quique optet hæres fata mihi, et nurus,
Sincera quæ, seu ficta plorans,
Solvat ad officium capillos.
Sed me silentem terra premat; procul
10 Sit turba fletu sedula; næniâ
Nolite convictum, sodales,
Rumpere, neve epulas in horam
Fœdare: at o si tum gemitus queat
Frenare ineptos fortis Amor, regat
15   Supremus ambos; hæc superstes
Pareat, hic moriens, Amori.
Quantum juvares tum facie, mea
Psyche, serenâ! præteriti tibi
Rideret oblitus laboris
20   Cum placido Dolor ipse vultu.

XCII.

(ALCAICS.)

(22) "On Linden when the sun was low."—CAMPBELL.

Sol pronus umbras deproperans adhuc
Intaminatas cæde nives videt;
   Atrasque devolvens Isara
      Torquet aquas hiemale flumen.
5 Quassata sed mox tympana, sed cito
Cædem parari flamma micans monet;
   Et quæ silebat nox timores
      Omine longè alio minatur.
Aptantur enses; audit eques tubas
10 Tædasque cernit; stricta acies micat,
   Dirusque commissator optat
      Cum fremitu sonipes tumultum.
Sensere montes fulmina, nec minus
Volvente flammas nare fremunt equi;
15   Et tela Divorum fragore
      Ignivomo simulant balistæ.

XCIII.

(ALCAICS.)

(23) (*The same continued.*)

Mox erubescens tetrior igneo
Tinget cruentas cæde nives color

Montesque; jam torquens Isara
　　Sanguineas properabit undas.
5　Vix æqua tollens ora dies neci
　　Fumum obvolutum rumpit, ubi Scythæ
　　　Gallique permisto furore
　　　　Sulfureæ reboant tenebræ.
　　Mars crescit hastis, laurea seu vocat
10　Seu quem cupressus; Munichium viros,
　　　Vexilla profer, nunc in hostem
　　　　Calcar, eques, preme, perge, miles.
　　E tot maniplis quantula pars redit!
　　Nivale tegmen corpora quot virûm
15　　Volvet, quot heroûm tumescens
　　　　Relliquiis premet ossa cæspes!

XCIV.

(ALCAICS.)

(24) "Triumphal arch, that fill'st the sky."—CAMPBELL.

　　Quid sis, docendus, non Sapientiam
　　Quæro superbam, qui capis æthera,
　　　Arcus triumphalis, fugato
　　　　Sol quoties redit imbre victor.
5　Felicibus te pontem animis dari
　　Infans putabam, sic videare, ubi
　　　Cælestis ad terras meatus
　　　　Se mediâ statione sistat.
　　Sordet magister gnomonis et poli

10 Interpretatus te mihi, quem juvat
    Finxisse celantem recurvis
        Crysolithos latebris et aurum.
    Quum docta fraudes tollit, et exuit
    Mens orbe tegmen, mens magicos dolos,
15 Cedit venustas, lege terras,
        Lege polum cohibente durâ.

XCV.

(ALCAICS.)

(25) (*The same continued.*)

Non, pulcher arcus, fabula nasceris,
Cui testis Auctor narrat origines,
    Et veste cur cingas Olympum
        Fulmineâ radiisque textis.
5 Omen renatis e refluo mari
  Cœleste terris ver referens suum,
    Ut te, relictâ nave, sæcli
        Fons, veteres stupuere patres !
  Risu tenentem tum croceo juga
10 Vestigiorum nescia te, Dei
    Arcum, salutabat levato
        Ad superas pia mater auras
  Infante : credo, sospes ab æquore
  Te terra primis laudibus extulit ;
15   Non ante tentatis poetæ
        Te numeris cecinere primi.

XCVI.

(ALCAICS.)

(26) (*The same continued.*)

Nunquam colores suspiciens tuos
Non incalescet musa: sacro seni
    Cantata quondam, semper, Iris,
      Carminibus celebranda nostris.
5 Te ture tellus prosequitur, jubent
Salvere alaudæ, post pluvias ubi
    Per lætiores imbre campos
      Candidulæ enituere bullæ.
Curvamine ambis quam juga fulgido
10 Turresque et urbes, et vada Tethyos,
    Quum mille per fluctus reflexâ
      Imbuis oceanum coronâ!
Tam clara cœli margine lividâ,
Tam pura fulges, quam sacra reppulit
15   Quum claustra fulgebas, tuumque
      Rex avium jubar hausit alis.
Nam firmat auctor Scripta Deus, tuos
Arcus retexens, ne pereat fides,
    Turpive pallescant veterno
20   Prima homini data signa pacis.

XCVII.

(ALCAICS.)

(27) " It is the day when he was born."—TENNYSON.

Natalis illi lux redit : asperam
Maturior vis condiderat diem
   Tingens pruinosos vapores
     Sole brevi, viduansque noctem
5 Luce. Haud rosarum tempus, egent rosis
Mensæ ; sed Eurus cum Boreâ ferox
   Bacchatur; inspicata pendet
     Stiria sub trabibus, rubosque
Vepresque obarmat; dum riget æthere
10 Phœbe renascens, rostraque mugiens
   Collisa cum ferri fragore et
     Nuda fero quatit ossa planctu
Sylva ; et procellâ præpete nix salo
Delenda fertur candida livido
15   Tundente arenas : sed bibendum,
     Vina liques, niteantque mensæ ;
Ignis medullam ligna super foco
Large reponens exstrue ; nec minus
   Sermone festivo retractes
20   Omnia, dans cyathos amici,
Tanquam hic, colendus, quicquid erit, suis
Conviva adesset : neu requies lyræ
   Sit, neve capsæ, dum canatur
     Quod recini placuisset ipsi.

XCVIII.

(ASCLEPIADEAN WITH GLYCONIC.)

(28) "Gay hope is theirs, by fancy fed."—GRAY.

His pascunt animi spem nitidam, minus
Quæ deprensa juvet, decidit in genas
Siccaturque simul lacryma, cordaque
    Sole aprica calent suo.
5 Florent incolumes ore rosæ, et vigor
Membris; usque novos dum reperit jocos
Mens effrena, animi dum saliunt bonis
    Sano in pectore viribus.
Tum secura dies, et facilis sopor,
10 Et noctes vacuæ, dum liquidum et leve
Spirant corda, paret quod sibi somnia
    Primâ luce fugacia.

XCIX.

(ASCLEPIADEAN WITH GLYCONIC.)

(29) (*The same continued.*)

Quantorum immemores ludere homunculos
Fatorum juvat! Heu, victima sic nihil
Sentit, nil metuit, crastina quid dies
    Cervici immeritæ ferat!
5 En, humana premens colla Necessitas,
En, funesta trahit Sors Furias, viam

Cingens obsidiis undique! Quis sua
    Ergo est qui pueris canat
Fata, Orcique minas illacrymabilis,
10 Humanamve homines edoceat vicem,
Tigresve hinnuleis indicet asperas,
    Agnisque insidias lupi?

C.

(ASCLEPIADEAN WITH GLYCONIC.)

(30) (*The same continued.*)

Heu, quam obscæna cohors excubat ultimis
Annorum spatiis! En, soboles adest
Mortis, dira magis matre, molestior
    Ipsâ turba comes duce.
5 Hic artus crucians, ille parans febres
Venis, strenuus hic tortor adest petens
Nervos morbus, at hæc visceribus lues
    Defigens penitus malum:
Tandem, ne numerus deficiat, subit
10 Importuna animos Pauperies manu
Stringens egelidâ, et membra terens suâ
    Tempus tabe senilia.

CI.

(ASCLEPIADEAN WITH GLYCONIC.)

(31) (*The same continued.*)

Sortes quisque suas lege hominum dolet;
Nulli non gemitus non lacrymæ datæ;
Quum tangant tenerum fata aliena, nec
    Expers ille molestiis,
5 Durus qui sua flet, nec nisi quæ sua.
Cur ergo properent crastina noscere?
Nunquam sera nimis tristis adest dies,
    Felix heu fugere occupat!
Quid plura? Elysium perditur his suum,
10 Mistum consiliis: scire quid expedit
Quos nescire juvat? Quid sapere est nisi
    Delirare operosius?

CII.

(ASCLEPIADEAN STANZA.)

(32) "Ah, Cælia! where are now the charms?"—WALSH.

Quo fugit Venus heu! Cœlia, jam tibi?
Quo tam mirus amor? Præripit improba
  Ætas lumen ocellis,
    Ætas tela Cupidini.
5 Hæc invidit atrox femineæ rei,
Nec nobis minus est invida, quæ, decus

Si quid publica cura est,
  Raptans ante diem vorat.
Cui non ille foret rex miserabilis,
10 Nuper quem solita est turba inhians sequi,
  Jam nudo latere ? Et tu
    Tali pressa jaces vice.

CIII.

(ASCLEPIADEAN STANZA.)

(33) (*The same continued.*)

Spernit turba procorum occiduas faces
Nunc ingrata tuas, exoriens simul
  Prodit Flavia sidus,
    Proni in servitium novum.
5 Nequicquam illecebris sollicitas viros,
Intorquens oculos ignibus ; haud prece,
  Haud risu potes unum
    Jam torrere procax jecur.
Sed fastu interea Flavia rem levi
10 Dignatur gerere, et quos pueros tenet
  Gratâ compede, risu
    Temnit lubrica Flavia.
Quin perdant, lacrymas, Cœlia ; sed brevi
Flebunt quod facies non tibi manserit
15 Qualis jam color huic, aut
    Huic non quale tibi jecur.

CIV.

(ASCLEPIADEAN STANZA.)

(34) "I come from haunts of coot and herne."—TENNYSON.

Quas mergus latebras, ardea quas fovet,
Linquens, per filices gemmeus emico
   Fons, ut valle loquaces
     Lymphæ prosiliant meæ.
5 Triginta et trepidans per juga, collibus
Elusisve fugax, oppidulum appetit
   Centum pontibus apta et
     Bis denos aqua viculos.
Extremusque adeo rura Philippica,
10 Miscendus saturo flumine; namque eat
   Citro turba retro, sed
     Nos in sæcula labimur.

CV.

(ASCLEPIADEAN STANZA.)

(35) "Telling how the Count Arnaldos."—LONGFELLOW.

Arnaldo comiti visa, refert, manu
Gestanti accipitrem, quæ fuerit ratis,
   Recto litora cursu
     Pictis puppibus appetens;
5 Auditumque senex quod caneret melos
   Tiphys, tam liquidum et lege carens, larus

Ut radens iter alis
  Staret lentus in arbore
Auditurus; at hunc corda cupidine
10 Perculsum, petiisse, et superos prece
  Testatum, " doceamur
    Miros nos etiam, modos
Rector." Cui senior, " visne maris sacrum
Carmen scire? opus est experiare aquas :
15 Ista arcana patebunt
  Unâ lege periculi."

CVI.

(ASCLEPIADEAN STANZA.)

(36) " To the ocean now I fly."—MILTON.

Velox oceani litus amabile
Visam, perpetuo lumine quas vigil
  Sol sedes videt, æquor
    Quod vasto patet aëre.
5 Succos hîc liquidos ætheris hauriam
Hospesque Hesperidum deferar ad trium
  Hortos usque nitentes,
    Quâ junctæ patre virgines
Cingunt auricomam cantibus arborem;
10 Perque arbusta novâ fronde comantia
  Bacchatur pede verno
    Flora; adsunt roseo sinu
Horæ, et muneribus Gratia cum suis;

Hîc et perpetuo vere Favonii
15   Alâ de redolenti
        Nardos excutiunt viis,
    Et spirant casiam tramite cedrino.
    Hîc ducit pluvias roscida cornibus
        Addens Iris odores
20   Hortis, et varium decus
    Florum sollicitans, quod superet suum
    Peplum versicolor, vultque hyacinthinis
        Jungi regna rosarum,
        Humore Elysio rigans.
25 Hîc fit (si qua fides, accipite auribus
    Mortales) recubans vulnere ab effero
        Somno sanus Adonis :
        Juxta et tristis humi sedet
    Regina Assyriæ, cui puer inclytus
30 Psychen nactus Amor, quam sopor alligat
        Altus, sidere multo
        Distinctos tetigit Deos.

CVII.

(ALTERNATE ASCLEPIADEAN.)

(37) " The nymph must lose her female friend."—COWPER.

    Cessant pectora mutua
Si sit laude virûm Lydia post Chloën,
    Sed rixæ quis erit modus
Ipsis si sata sint jurgia floribus?

5   Hortorum sibi vult rosa
   Formosa imperium, vult sibi lilium,
      Rupto foedere caespitis,
   Par commisit enim lite duces decus.
   Illi purpureus furor
10 Fastu turgidulis erubuit comis :
      "Phœbi teste," refert, "grege
   Flos florum celebror, mille modis canor."
      "Flos procerior arrogo
   Hoc jus omne mihi," lilium ait, "meas
15   Virgas Flora fatebitur
   Non indigna manu sceptra suâ dea."

CVIII.

(ALTERNATE ASCLEPIADEAN.)

(38) (*The same continued.*)

   Componi properat minas
Præsens pace suâ Flora subaudiens
   Tantas, ne pereat decus
Cultis, si fuerit segnior, hortulis.
5 "Quanto," inquit, "color est tibi
Præstans, tanto apices imperiosius
   Tu jactas : sit utrique idem
Regnum, dum melior vincat utrumque honos."
   Pacatis bene convenit
10 Misceri in facie fœmineâ, proüt
   Formosissima quæque erit
Anglarum, et sociare imperia in genas.

CIX.

(ALTERNATE ASCLEPIADEAN.)

(39) "Sabrina fair."—MILTON.

    Quæ, Sabrina, tenes vitro
      Stagnum lucidius, frigus amabile,
        Audi, sub specularibus
    Undis, pulchra sedens irreligataque,
5   Electro riguis simul
      Texens serta comis, tortile lilium :
        Te carus moveat pudor,
    Argentei fer opem, Diva potens lacûs.
      Præsens numen ades, caput
10 Per Sanctum Oceani, perque maris deum
      Terras cuspide qui quatit,
        Incessusque graves Tethyos, oraque
          Rugis hispida Nereos
    Duri canitie ; Carpathii pedum
15 Testamur vitreum magi,
      Gestamenque tubæ tortile, quo sonat
    Triton squameus, et modos
      Glauci fatidicos, Leucotheæ et manus
    Formosæ niveas deæ, et
20   Natum Leucotheâ litoris arbitrum.

CX.

(ALTERNATE ASCLEPIADEAN.)

(40) (*The same continued.*)

    Te plantas Thetis oblita
Argento, et liquidâ voce sonantium
    Sirenum moveat melos;
Te flectant tumuli Parthenopeïi,
5   Sedes heu tibi flebiles;
Flectat cum tereti crine Ligeïum'
    Pecten, quo nitet aureo
Insidens scopulis pulchra adamantinis.
    Per pulsata choris vada
10 Noctu Naïadum, perque oculos putres,
    Oramus, roseum e specu
Strato curaliis surge levans caput,
    Injectoque procacibus
Freno vorticibus, dum fueris preci
15   Responsura vocantium,
Exaudi, fer opem supplicibus, dea.

CXI.

(HIPPONACTEAN.)

(41) "The sun is bright, the air is clear."—LONGFELLOW.

    Sol renidet, aëre
Arguta Procne transvolat sereno;

Increpansque ver vocat
Vates ab ulmis Halcyon superbis.
5   Tamque cærulus fluit,
Ceu fonte cœli ducat amnis haustus;
Quâ Favonium manet,
Ut pressa navis deligata, nubes.
Nîl novi deëst; comis
10 Ulmus renátis vertices inaurat
Pullus ad trabem est novus,
Annotino jam nil fovente nido.

CXII.

(HIPPONACTEAN.)

(42) (*The same continued.*)

Plena amore gestiunt
Dulcedine, exultantque cuncta, primâ;
Auspice et Favonio
Vel nocte molli molliora fiunt.
5   Quæ rudes legis modos,
Virgo, juventam carpe tu fugacem;
Carpe tempus hoc fragrans,
Ver et Venus non mense regnat omni.
Flos Amorque (cætera
10 Permitte Divis) hornus est fruendus;
Instat hora te monens
Annotinos jam nil fovere nidos.

CXIII.

(LONG ASCLEPIADEAN.)

(43) "Oft in the stilly night."—MOORE.

Quando cuncta silent nocte, sopor nec tamen alligat,
Soles, Mnemosyne, præteritos tu revocas, fovens
Risuque et lacrymis, quæ fuerint heu puero, senem ;
Reddens mutua verba, atque oculis luce carentibus
5 Quales splenduerint ante faces restituens, diu
Tristi cassa die corda iterum læta resarciens.
Eheu, quum recolo quot socios copula junxerat,
Quos stravit foliis jam similes deciduis hiems,
Solus per vacuas tum videor ferre epulas pedem,
10 Extinctasque faces et viduas flore suo rosas,
Atque unus nimium jam superesse ipse miser mihi!

CXIV.

(ARCHILOCHIAN, NO. 1.)

(44) "River, that rollest by the ancient walls."—BYRON.

Heus, fluvie, antiquâ qui labere subter arce, nostræ
　　Sedes amatas alluens puellæ,
Huic, quandoque vagæ ad ripas, si forte corda imago
　　Nostri reviset mobilis fugaxque ;
5 Sis, quidni? speculum, dum defluis arbiter profundus,
　　Suspiriorum mille, mille amorum :
Auspice te legat illa magis fera vorticum furore
　　Hæc corda et undis æstuosiora!

CXV.

(ARCHILOCHIAN, NO. 2.)

(45) "Bright be the place of thy soul!"—BYRON.

Lucida sit sedes animæ, neque enim altera amanda
    Te magis, effugiens
Carcere corporeo, per sidera lapsa, beato
    Fulserit in numero.
5 Vix homo vel terris fueras, divinior olim
    Morte carens fueris.
Non opus est lacrymis; tu præsens numen habebis,
    Te Deus ipse suum.
Sit tibi terra levis, niteat de cæspite vivo
10   Gemmeus ipse color!
Absit enim noctis quum te memorabimus omen,
    Tristior umbra nefas!
Surgat ibi vimen semper frondentis acanthi,
    Flosculus et requiem
15 Signet; at este procul, taxe atque cupresse; beatis
    Munus inane dolor.

CXVI.

(TRIMETER AND DIMETER IAMBIC.)

(46) "She left the novel half uncut."—TENNYSON.

Parte irresectam liquit illa fabulam
    Capsâ repostam citreâ;

Intacta plectra, clausum ebur liquit novum,
  Discors sibique displicens.
5 Tum fugit ipsâ trimâ equâ procacior,
  Ipsasque alaudas provocans;
Ludens per omne voce præmissâ nemus,
  Arbusta rumpens carmine.
Mox aura præpes involare gestiit
10   In virginem, et factus fugâ
Ferox amabat dulce complexu caput
  Fovere quam potissimum.

CXVII.

(TRIMETER AND DIMETER IAMBIC.)

(47) (*The same continued.*)

Sed gramen aurâ qualibet velocior
  Sic rasit, ut plantâ levi
Flos tactus extollensque reflexum caput
  Vestigium respexerit.
5 Ad nos venit puella, nos circumsilit;
  Ternosque decantat modos,
Queis nostra laudas robora atque ingens caput,
  Gigantis instar, integros.
Ambire medios ludibunda tum cupit,
10   Palmisque truncos assequi;
Sed hei mihi! sum grandior quam quod queat
  Prensare virgo brachiis.

O, si fuissem, qualis est fagus prope,
   Enodis, impubes ego,
15 Sic nos sinistrâ dextra nexa palmulâ
   Cepisset ambitu suo.

CXVIII.

(48) "Go, lovely rose."—WALLER.

I, rosa, quæque perdit
Perdito nos tempore, tu pulchra mone, liquere,
   Quam sit amata nobis,
Quamque dulcis, quum tibi, me judice, comparetur.

5   Quæque fugax juventâ
Conspici non vult veneres, huic, "mihi," dic, "fuissem
   Si sata sede solâ,
Laude nullâ vivere fas, fas foret interire."

CXIX.

(49) (*The same continued.*)

Sordet enim sepulta
Forma, quæ lucem refugit: prodeat hæc, cupique
   Se sinat: ad virorum
Debitas laudes nihil est cur adeo erubescat.

5   Tum morere: ut probetur
   Omnibus pulchris data fata auspice te perire;
      Ut bréviore constet
   Hæc die claudi nimio quæ placeant nitore.

CXX.

(HENDECASYLLABICS.)

(50) " Virgin daughter of Locrine."—MILTON.

Orta Anchisiadis patre et Lucrino
Virgo, sic latices scatente ripâ
Ob tale officium fluant perennes,
Mille et fonticuli e jugis nivosis
5 Undarum tibi conferant tributa:
Sic nunquam populet comas decentes
Ardens Sirius æstuante cœlo:
Nec fuso lutulentus imbre fædet
October vada puriora vitro:
10 Auro ripa natet, ferant beryllum
Undæ; stent capiti corona celsæ
Arces et spatia et ter amplus agger:
Sint ripis Arabum arboreta odora
Sparsa, et cinnama, myrteæque sylvæ.

CXXI.

(51) "Underneath this myrtle shade."—COWLEY.

Dum sub vimine myrteo per umbram
Stratis floribus incubo supinus,
Nardo tempora dum fluunt odoro,
Innasci rosa fronte dum videtur,
5 Quid fiet mihi, ni mero ut calorem
Ingenti nimium eluamque curas?
Sic me regia regiâque major,
Dulcedo, jueritque Amor minister,
Plenis, heus Amor, usque pocla labris
10 Da; miscebitur his lepos, jocusque,
Non expers generosioris ignis,
Membrorum et vigor, et procax cupido.

CXXII.

(52) "Far in the bosom of the deep."—SCOTT.

Per longa æquora inhospitasque arenas
Lux nostra excubat; ignis hic rubescens,
Hoc mutabile gemmeumque lumen,
Noctis tempora decolora inaurat;
5 Nostras navita quum faces salutat,
Plenis non timet æquor* ire velis.

* Comp. Virg. Æn. iii. 191, *currimus æquor*; also v. 235; also Ov. *ex Ponto*, i. 3, 76; and Propert. i. 1, 18, *ire vias*.

CXXIII.

(53) "Come live with me, and be my love."—MARLOW.

Mecum vive age, sisque amore juncta;
Sic quot gaudia vallis, arduusve
Mons, collisve habet, arva quot, nemusve,
Sylvæve, omnia sint fruenda nobis.
5 Hîc spectabimus in jugo sedentes,
Nostras pascere capreas magistros,
Aut qua pronior amnis it vadosus,
Juncto et carmine concinunt volucres.
Collatâ faciam rosâ cubile,
10 Mille et fasciculos olente flore;
Mitram e floribus, induesque vestem,
Quæ sit vimine tota picta myrti.
Lanas in pepla flos gregis remittet
Agnus, calceolisque duplicatis
15 Pellent frigora mollibusque plantæ,
Puro fibula quos jugabit auro.
Zona e stramine, gemmulis corymbi
Picto, curaliis tibi apta eritque ·
Electro; his placeat venire votis,
20 Mecum vivere, mecum amore jungi.

CXXIV.

(54) "If all the world and love were young."—Raleigh.

Si floreret Amor recente sæclo,
Nec fallax foret ullus ore pastor,
Bellis sic ego forte capta donis
Tecum vivere amore juncta amarem.
5   Sed grex tempore septa adit relictis
Pratis, flumine saxa quum obstrepente
Frigent; tum Philomela conticescit,
Et curas queritur senex futuras.
Ceu defloruit ante ager protervus,
10   Pendi quum sibi vult hiems tributa;
Sic quoi mel fluat ore, felque corde,
Auctumno dolet, ante verna fingens.
Vestes, calceolos, toros rosarum
Istos, fasciculos, pepla, atque mitram,
15   Œtas perduit immemorque tollit;
Rident hæc stolidis, catis putrescunt.
Zona e stramine gemmulis corymbi
Picto, curaliisque juncta et apta
Electro est nihili: haud movebor istis.
20   In vota ut veniam atque amore jungar.

Books
FOR THE ACQUIREMENT OF
FOREIGN LANGUAGES,
PUBLISHED BY
DAVID NUTT, 270, STRAND.

GERMAN.

TIARKS' PRACTICAL GRAMMAR OF THE GERMAN LANGUAGE. Fourteenth edition, 12mo, *cloth*, 6*s.*

—— PROGRESSIVE GERMAN READER, containing Grammatical Exercises, Easy Letters, Short Stories, Historical Sketches, Dialogues, Idiomatical Phrases and Proverbs. Tenth edition, 12mo, *cloth*, 3*s.* 6*d.*

—— EXERCISES FOR WRITING GERMAN, adapted to the Rules of his GERMAN GRAMMAR. Eleventh edition, 12mo, *cloth*, 3*s.*

—— KEY TO THE EXERCISES FOR WRITING GERMAN, which may also be used as a Reading Book for practising the Rules of Grammar by those who do not wish to write Exercises. 12mo, *cloth*, 2*s.* 6*d.*

—— INTRODUCTORY GRAMMAR OF THE GERMAN LANGUAGE, with an INTRODUCTORY READER, and INTRODUCTORY EXERCISES. Ninth Edition, 12mo, *cloth*, 3*s.* 6*d.*

—— SACRED GERMAN POETRY, OR COLLECTION OF HYMNS. 12mo, *cloth*, 2*s.*

This is the most extensively used Series of Elementary German Books, and they enjoy the highest reputation both for public and private tuition.

THE MODERN LINGUIST; or, Conversations in English, French, and German; preceded by Rules for the Pronunciation of German, a copious Vocabulary, and a Selection of Familiar Phrases. By ALBERT BARTELS. In square 16mo, neatly bound in cloth. Fourth edition, price 3*s.* 6*d.*

—— in ENGLISH and GERMAN (only). 18mo, bound in cloth. Fifth edition, price 2*s.* 6*d.*

It has been the aim of the compiler of these Works to introduce only such phrases and expressions as refer more exclusively to the current topics of the day; and he believes they will be found more practically useful to the student and to the traveller than the majority of Guides and Dialogue Books hitherto published.

AHN'S NEW PRACTICAL AND EASY METHOD OF LEARNING THE GERMAN LANGUAGE. Parts 1 & 2 in 1 vol., 12mo, *cloth*, 3*s.* Separately, Part 1, 1*s.* Part 2, 1*s.* 6*d.* Part 3 (Reading Course), 1*s.* 6*d.* KEY to Ditto, *sewed*, 8*d.*

—— PRACTICAL GRAMMAR OF THE GERMAN LANGUAGE (intended as a Sequel to the foregoing Work), with a Grammatical Index and a Glossary of all the German Words occurring in the Work. Author's Original Edition. In 1 vol., *cloth*, price 4*s.* 6*d.* KEY, 12mo, cloth, 1*s.* 6*d.*

APEL'S Prose Specimens for Translation into German, with copious vocabularies and explanations. 12mo, cloth, 3*s.* 6*d.*

BERNARD'S (Madame.) German Equivalents for English Thoughts. 12mo, *cloth*, 5*s.*

BOILEAU. On the NATURE and GENIUS of the GERMAN LANGUAGE. New edition, 12mo, *cloth boards*, 5s.

———— LINGUIST. A complete Course of Instruction in the German Language, in which attention is particularly directed to peculiarities in Grammatical forms and constructions: exemplified by selections from the best authors. New Edition, 12mo, *boards*, reduced from 7s. to 3s. 6d.

BÜNGER'S GERMAN TRAVELLING CONVERSATION, for Schools and Tourists; German and English on opposite pages, interleaved with blank paper, New Edition, 16mo, *cloth*, 2s. 6d.

———— German Tales and Poetry by the best Authors, selected and adapted for the use of English Students, with a complete Vocabulary of the Prose Text. 12mo, *cloth*, 5s.

———— COMPLETE GERMAN ENGLISH VOCABULARY to German Tales and Poetry (arranged alphabetically), and giving additionally, the genitives singular, and nominatives plural of the nouns, and the imperfect and past participles of the irregular verbs which occur in the text. 12mo, *stiff cl.* 2s.

CAMPAN'S CONVERSATIONS OF A MOTHER WITH HER DAUGHTER; in a Series of Dialogues, arranged for English Young Ladies. Translated into German, by HENRIETTA VEITH. 12mo, *cl.*, 4s.

CRABB'S EXTRACTS FROM THE BEST GERMAN AUTHORS. Eighth edition, entirely remodelled and considerably enlarged, with Analytical Translation, Notes, and a copious Vocabulary, for the Use of Beginners in Schools and private Tuition. By DR. HAUSMANN. 12mo, *cloth*, 5s.

———— ELEMENTS OF GERMAN AND ENGLISH CONVERSATION ON FAMILIAR SUBJECTS, with a Vocabulary to each Dialogue. Eleventh edition. By DR. BERNAYS. 12mo, *cloth*, 3s. 6d.

DEMMLER (F.) COMPENDIOUS GRAMMAR OF THE GERMAN LANGUAGE. New and thoroughly revised edition, 8vo, *cloth*, 5s. 6d.

———— GERMAN READER, a Selection of Extracts from distinguished German Authors. New edition, 12mo, *cloth*, 4s.

———— EXERCISES ON THE GERMAN GRAMMAR. New edition, thoroughly revised, 8vo, *cloth*, 4s.

———— KEY TO DITTO, 12mo, 2s. 6d.

The Author of this series of School Books was Professor of German at the Royal Military Staff College, Sandhurst.

DONATTI'S GERMAN AND ENGLISH GRAMMAR. Third edition, 12mo, *cloth*, 2s.

EGESTORFF (C. H. C.) A CONCISE GRAMMAR OF THE GERMAN LANGUAGE on the principles adopted in the Schools of Germany, etc. 4s.

ERMELER (C. F.) DEUTSCHES LESEBUCH, or GERMAN READING BOOK. New edition, enlarged, improved, and adapted to the use of English Students, by DR. A. HEIMANN, Professor of German at the London University. Seventh edition, 12mo, *cloth boards*, 5s.

This is one of the most desirable and useful Reading Books that can be placed in the hands of a student of the German language. The selection has been made with great taste and care, and does not contain a single piece that is not a perfect specimen of composition.

EULENSTEIN'S GERMAN GRAMMAR. Fifth edition, 12mo, *cl.*, 4s.

———— EXERCISES on Ditto. 12mo, *cloth boards*, 2s. 6d.

FEILING'S PRACTICAL GUIDE TO THE STUDY AND GRAMMAR OF THE GERMAN LANGUAGE. Second edition, 12mo, *roan*, 5s.
───── COURSE OF GERMAN LITERATURE. 4th edit., *cl., bds.,* 5s.
───── KEY TO THE GUIDE. 12mo, *cloth,* reduced to 2s. 6d.

The Author of these works is the Head Professor of German at the Royal Military Academy at Woolwich.

FISCHEL (Dr. M. M.) A GERMAN READING BOOK, on a new principle, containing a Story by F. HOFFMANN, literally translated, with Notes, an Elementary Grammar, etc., by DR. M. M. FISCHEL, of Queen's College, London. Third Edition, considerably enlarged. 1 vol., crown 8vo., 5s.

FLUEGEL'S GERMAN AND ENGLISH AND ENGLISH AND GERMAN DICTIONARY. New edition, adapted to the English Student, with great additions and improvements, by C. A. FEILING, DR. A. HEIMANN, & J. OXENFORD 2 vols., 8vo, *cl. bds.,* 1l.4s.

It is very desirable that parties wishing to have this work should be particular in specifying the *New London Edition,* as there are two other editions bearing the name of Fluegel: the one more bulky and much dearer,—the other, edited by the *Son* of the Lexicographer, smaller and somewhat cheaper, though both are greatly inferior in utility for the English student, having been compiled without English assistance, and for the use *especially of German students.*

───── Abridged edition for the Use of Travellers and Schools; New Edition. 1854. Royal 18mo (760 pages), 7s. 6d.

FOUQUÉ (DE LA MOTTE). UNDINE. Sq.12mo, *cl.,* 2s., *sd.* 1s.6d.
───── SINTRAM UND SEINE GEFAHRTEN. Square 12mo, *cloth,* 3s.; sewed, 2s. 6d.
───── DIE BEIDEN HAUPTLEUTE. Square 12mo, *cl.,* 2s., *sd.,* 1s, 6d.
───── ASLAUGA'S RITTER. Square 12mo, *cloth,* 2s., *sewed,* 1s. 6d.
───── DIE JAHRESZEITEN. Four Pts.in 1 vol., sq. 12mo, *cl.,* 6s.6d.

The above Editions of Fouqué's celebrated Romances, known as the "Four Seasons", are elegantly and correctly reprinted, and adapted both for presents and reading books.

FROEMBLING'S (Dr., Professor at the City of London School) Elements of the German Language. 1s. 6d.

The FIRST GERMAN READING BOOK, for English Children and Beginners, with Explanatory Notes by DR. A. HEIMANN. New Edition. 12mo, *clothbds.,* 3s. 6d.

This very admirable little work, compiled by the Professor of German at the London University, has met with much success; and is as well suited for adults commencing the study of the Languages as for children.

GOETHE'S IPHIGENIE AUF TAURIS, arranged for the use of Students, with Notes, Vocabulary, and Interlinear Translations of the First Scenes, by M. BEHR, Ph.D., 12mo, cloth, 2s. 6d.

───── FAUST; with explanations of the most difficult words and phrases, by the REV. DR. TIARKS, to which are added Stabat Mater and Dies Iræ, in the original, and with a German Metrical Translation. 18mo, *cloth,* 3s. 6d.

───── FAUST, with Critical and Explanatory Footnotes. By DR. ZERFFI. 12mo, *cloth,* 3s. 6d.

GRAESER'S THESAURUS OF GERMAN POETRY; consisting of 450 select pieces by the most celebrated authors, from the classical period to the present day. With explanatory notes, preceded by a short history of German Poetry. 8vo, *cloth,* 480 pp., price 6s. 6d.

GRIMM'S FÜNF MÆHRCHEN AUS DER TAUSEND UND EINEN NACHT. 12mo, *cloth*, 3s. 6d.
This little work contains a translation, by A. L. Grimm, of five of the most popular tales out of the Arabian Nights; it was reprinted at the suggestion of Dr. Tiarks, and is used in many schools.

HAUFF, DAS KALTE HERZ. With a literal translation of the first half-dozen pages, explanation of idiomatic peculiarities, etc., by H. APEL. New edition, 12mo, *cloth boards*, 3s. 1856.

HEILNER'S (G. M.) Grammar of the German Language philosophically developed. 8vo, *cloth*, 7s. 6d., originally published at 10s.
This is, undoubtedly, one of the most scientific and profound Treatises on German Grammar that has ever been published in this country.

HEIMANN'S (DR. A.) FIFTY LESSONS ON THE ELEMENTS OF THE GERMAN LANGUAGE. Third edition, revised and considerably enlarged. 12mo, *cloth*, 5s. 6d.

—— MATERIALS FOR TRANSLATING ENGLISH INTO GERMAN. Second edition, corrected and augmented. Two parts in 1 vol., 12mo, *cloth*, 5s. 6d.
Either part can be had separately, price 3s.

—— KEY TO DITTO, by Dr. Erdmann. 8vo, *sewed*, 3s. 6d.

—— INTRODUCTION TO THE STUDY OF GERMAN AUTHORS. A Reading-Book for the Junior Classes of Schools and Colleges, with Notes especially Etymological. 12mo, *cl.*, 4s.6d.

—— DECLENSION OF GERMAN SUBSTANTIVES. *Sewed*, 1s.
The Author of these very useful works is Professor of the German Language and Literature at the London University.

HILPERT'S GERMAN AND ENGLISH DICTIONARY. 2 stout vols., 8vo., 1900 pages, *sewed*, 11s.; bound in 1 vol., *cloth*, 12s.; *half-morocco, flexible back*, 14s.
This is unquestionably the cheapest German and English Dictionary.

HUBER'S GERMAN MINSTRELSY: a Gathering of Choice Flowers for English Lovers of German Poetry. With Occasional Notes. 12mo, *cloth*, 3s. 6d.

JUNOD'S DECLENSION OF GERMAN NOUNS. 12mo., 1s.

KOHLRAUSCH'S KURZE DARSTELLUNG DER DEUTSCHE GESCHICHTE, with copious English Notes, and a short Sketch of German Literature, by DR. A. BENSBACH, Professor of German at Queen's College, Galway. 8vo, *cloth bds.*, 4s. 6d.
This work contains an admirable compendium of Kohlrausch's well-known History of Germany. The notes were specially compiled for the use of the scholars in Winchester College.

LESSING'S GERMAN FABLES IN PROSE AND VERSE, with a close English Translation and brief Notes. 8vo, *cloth*, 2s. 6d.

—— FABELN IN PROSA UND VERSEN, being the text of the above only. *Sewed* 1s. 6d.

LOUIS'S GERMAN COPY-BOOK, containing 36 plates, with specimen head-line, in German and English. Oblong 4to, 1s. 6d.

MARCUS' COMPARATIVE VOCABULARY OF THE ENGLISH AND GERMAN LANGUAGES. Square 12mo, *cloth*, 3s.
This little work is compiled on an entirely new and original plan, and will be found of great assistance in tracing the connection between the two languages, and in shewing the value and bearing of numerous idiomatical expressions.

—— THE DECLENSION OF THE GERMAN ARTICLE, ADJECTIVE, PRONOUN, AND NOUN. 8vo, *sewed*, 1s.

MATTHAY'S German Grammar. 12mo, *cloth*, 2s. 6d.

NAGEL'S Treatise on the Pronunciation of the German Language. 12mo, *cloth boards*, reduced to 3s.

NOEHDEN'S German and English Grammar. Tenth edit., 7s.0d.
—— Elements of German Grammar. 12mo, *bds.*, 5s.
—— German Exercises. 12mo, *boards*, 6s.
—— Key to Exercises, by Schultz. 8vo, *boards*, 3s. 6d.

OCTAVE. Difficult Grammatical Forms of the German Language, on a sheet, 1s, or neatly mounted in case, 2s. 6d.

OLLENDORFF'S German Method, Translated, unabridged, from the original French edition, by H. W. Dulcken, 12mo, *cloth*, 5s. 6d. Key to Ditto, 3s. 6d.

OTTO (DR. E.) German Conversation-Grammar, revised by Dr. T. Gaspey. *Third Edition*. One vol., sq. 12mo, *cloth*, 5s.
—— Key to Ditto, 2s.

RUHLE'S German Examination Papers. Demy 8vo, *cloth*, 3s.6d.

SONNENSCHEIN and **S. STALLYBRASS'** Easy Reading Book for Students of the German Language, consisting of Short Poems selected from Goethe, Schiller, Uhland, etc., with interlinear translations, Notes and Tables, chiefly Etymological. 1 vol., 12mo., *cloth boards*, 4s. 6d.

STEINMETZ (DR. H.) The Accidence of German Grammar: shewing in a simple Tabular Form the Inflections of the various Parts of Speech, 1 vol. 12mo, 1s. 6d.
—————— German Exercises for the Use of Beginners; With a Key. 12mo, cloth, 2s. 6d.
—————— First Reading Book for Beginners; being a Selection of Grimm's Tales, and elegant Extracts of Poetry. With Notes and Vocabulary. 12mo, cloth, 2s.

STROMEYER'S German Exercises, with a Grammatical Introduction, being a Guide to German Writing. 12mo, *cloth*, 2s.

TIECK'S Blaubart, ein Märchen in fünf Akten, with a translation of difficult words and passages, examination of Grammatical Peculiarities, etc., by H. Apel, 12mo, *cloth*, 3s.

THIEME'S (BLACK'S) Grammatical German and English and English and German Dictionary. Two Parts in 1 vol., Crown 8vo., *roan*, Sixth edition, 7s.

TROPPANEGER (A.) English German Grammar, with Reading Lessons and Progressive Exercises. Fifth edition, 12mo, 6s.

WENDEBORN'S German Grammar. Eleventh edition, entirely remodelled by Professor A. Heimann, of the London University. 12mo, *cloth*, 6s.

WITTICH'S German Grammar. Sixth ed., 12mo, *cl.*, 6s. 6d.
—————— German for Beginners. New ed., 12mo, *cloth*, 5s.
—————— Key to Ditto. 12mo, *cloth*, 7s.
—————— German Tales for Beginners. 12mo, *cloth*, 6s.

SPANISH.

DELMAR'S COMPLETE THEORETICAL and PRACTICAL GRAMMAR of the SPANISH LANGUAGE, in a Series of Lectures, with copious Examples and Exercises *written* with the new Spanish Orthography, and particularly adapted for Self-Tuition. 6th Edition, carefully revised, 12mo, cloth, 8*s.*
—— KEY to the EXERCISES contained in DITTO. Cloth, 3*s.* 6*d.*
—— MODELOS DE LITERATURA ESPAÑOLA: or, Choice Selections in Prose, Poetry, and the Drama, from the most celebrated Spanish writers, from the Fifteenth century; with a brief sketch of Spanish literature, and explanatory notes in English. 12mo, *cloth*, 7*s.*
ROWBOTHAM'S NEW GUIDE to SPANISH and ENGLISH CONVERSATIONS, consisting not only of Modern Phrases, Idioms, and Proverbs, but containing also a copious Vocabulary; with Tables of Spanish Moneys, Weights, and Measures, for the use of the Spaniards as well as the English. 3rd Edition, enlarged and improved, square 18mo, cloth, 3*s.* 6*d.*
NEUMANN AND **BARETTI'S** DICTIONARY OF THE SPANISH AND ENGLISH LANGUAGES. Two vols., *boards*, 1*l.* 8*s.*
—— POCKET ABRIDGED EDITION. 18mo, *roan*, 6*s.*

ITALIAN.

AHN'S NEW PRACTICAL AND EASY METHOD OF LEARNING THE ITALIAN LANGUAGE. Author's Original Edition. First and Second Course. 1 vol. 12mo, 3*s.* 6*d.*
—— KEY TO DITTO. 1*s.*
GRAGLIA'S POCKET DICTIONARY OF THE ENGLISH AND ITALIAN LANGUAGES. Two Parts in 1 vol., 18mo, *roan*, 4*s.* 6*d.*
CLASSIC READINGS IN ITALIAN LITERATURE. A Selection from the Prose Writings of the best Italian Authors from the thirteenth century to the present time; with Critical and Explanatory Notes and Biographical Notices, for the Use of Students. By G. CANNIZZARO. Thick 8vo, 900 pages, *cloth boards*, 7*s.*, published at 15*s.*
This excellent compilation may almost be said to contain a complete repertory of Italian Literature, and the price at which it is offered is much below the cost of printing, etc.
RACCOLTA DI POESIE, tratte dai più celebri Autori antichi e moderni, ad uso degli Studiosi della Lingua Italiana; per cura di G. VENOSTA. 8vo, neatly bound in cloth, 6*s.* 6*d.*
BARETTI'S ITALIAN AND ENGLISH DICTIONARY, a New Edition, much improved, and entirely re-edited by Davenport and Comelati, 2 vols. 8vo, *cloth*, 1*l.* 10*s.*
JAMES AND **GRASSI.** ENGLISH AND ITALIAN AND ITALIAN ENGLISH DICTIONARY, with the Pronunciation and Accentuation of every Word in both Languages. 1 vol., 12mo, roan, 6*s.*, *sewed*, 5*s.*
SAUER'S ITALIAN CONVERSATION GRAMMAR. A new and practical method of learning the Italian Language, on the plan of Otto's German Grammar. 12mo, *cloth*, 4*s.* 6*d.*

FRENCH.

AHN'S NEW PRACTICAL, AND EASY METHOD OF LEARNING FRENCH. In Two Parts, 12mo, cloth, each 1s. 6d., or bound in 1 vol. 3s.

—— COMPLETE FRENCH READER. 12mo, bound in cloth, price 1s. 6d. (Third Course of the above).

—— MANUAL OF FRENCH AND ENGLISH CONVERSATION. 12mo, bound in cloth, price 2s. 6d.

—— FRENCH COMMERCIAL LETTER WRITER. With Glossary of Technical Terms. 12mo, bound in cloth, price 4s. 6d.

These are the only genuine Editions of Ahn's Elementary French Works.

ANGOVILLE'S COMPLETE TREATISE ON FRENCH GRAMMAR, illustrated by numerous Examples. *New and revised edition.* Thick 12mo, bound in roan, 6s. 6d.

BADOIS (C.) Method of French Methods. A Practical French Grammar. 12mo, cloth, 3s. 6d.

BARTEL'S MODERN LINGUIST; or, Conversations in English and French, followed by Models of Receipts, Bills of Exchange, Letters, Notes, Tables of French and English Coins, &c. 4th edition, pocket size, price 2s., cloth.

BIOGRAPHIES MILITAIRES. A Reading Book for Military Students. By Th. Karcher, B.A., French Master at the Royal Military Academy, Woolwich. 12mo, *cloth*, 3s. 6d.

BLANC'S POCKET DICTIONARY OF THE FRENCH AND ENGLISH LANGUAGE. 2 parts in 1 thick vol., 32mo, 990 pages,*roan*, 3s.

This is the cheapest French Dictionary ever published.

CONTES par **EMILE SOUVESTRE.** Edited, with Notes Grammatical and Explanatory, and a short biography of the author, by the Rev. AUGUSTUS JESSOPP, M.A., Head Master of King Edward the Sixth School, Norwich. Second edition, revised. Crown 8vo., *neat cloth*, 3s.

"The editor has performed his task well, both his biography and notes being excellent."—*Athenæum.*

FABLES DE LAFONTAINE, avec Notices sur sa vie et sur celles d'Esope et de Phédre, et des Notes, par M. de Levizac. Neuvième edition, 12mo, roan, 5s.

JAMES AND **MOLÉ'S** DICTIONARY OF THE FRENCH AND ENGLISH LANGUAGES, FOR GENERAL USE, with the Accentuation and a Literal Pronunciation of each Word in both Languages. Two Pts. in 1 vol., 8vo., *sewed*, 5s., *roan*, 6s.

LES DEUX PERROQUETS; Ouvrage Français destiné à faciliter aux Anglais la Causerie Elégante, la Lettre et le Billet, à l'usage des Dames, des Jeunes Filles, et des Enfans; par UNE DAME. 12mo, handsomely bound, reduced to 3s.

MANIER'S FRENCH PHRASE AND WORD BOOKS, after the plan of the Abbé Bossut, 32mo, in stiff wrapper, 1s. each.

—— FRENCH READER, in two parts, 32mo, neat cl., 2s.

These admirable little works will be found of great utility for beginners in the study of the language.

MASSÉ (Professor of French at Merchant Taylors' School). GRAMMATOLOGIE FRANÇAISE. A Series of Fifty Introductory Examination Papers, containing numerous Extracts in Prose and Poetry; English and French Idioms; Letters for Translation; Questions on French Grammar and Syntax, etc., etc. Demy 8vo, cloth, 6s.

NUMA POMPILIUS, par Florian. Neuvième edition, revue et soigneusement corrigée, par N. Wanostrocht, 12mo. roan, 4s.

NUGENT'S POCKET DICTIONARY OF THE FRENCH AND ENGLISH LANGUAGES. Two Parts in 1 vol., 18mo, *roan*, 4s. 6d.

────── FRENCH AND ENGLISH DICTIONARY; improved by Smith, with Pronunciation and an Elementary French Grammar. 3s. *cloth;* 3s. 6d. *roan.*

OTTO'S FRENCH CONVERSATION GRAMMAR. A new and practical method of learning French. Sq. 12mo., *cloth*, 5s. Uniform with the German Conversational Grammar.

SCHOPWINKEL'S Elementary French Grammar. 8vo. *cl.*, 3s.6d. An Adaptation of the first part of Dr. C. Ploetz's celebrated "Cours gradué de Langue Française."

SEARS' COMPLETE COURSE OF INSTRUCTION IN THE FRENCH LANGUAGE, in 3 parts. Grammatical Course—Reading and Translation Course—Conversational Course. One thick vol., 12mo., bound in cloth, price 5s. Each part can be had separately, price 2s.; and a Key to the whole, price 2s.

TOURRIER'S FRENCH AS IT IS SPOKEN IN PARIS. Forty-four Lessons on the Elisions, the Modification of Vowels,Accents, Quantity, &c. 27th Thousand, *sd.*, 1s.; *cl.* 1s. 6d.

────── THE LITTLE MODEL-BOOK. Bound with the above, making altogether Eighty very progressive French Lessons, *sewed*, 1s. 9d.; *cloth*, 2s.

────── THE JUVENILE FRENCH GRAMMAR, Rules, Exercises, and many Examples, &c., 300 pp., *cloth*, 2s. 6d.

────── KEY to Ditto, 2s. 0d.

────── THE MODEL BOOK, being a complete course of One Hundred Lessons, Prose and Poetry, 400 pp., 8vo, *cloth boards*, reduced to 6s. 6d.

────── FRENCH GRAMMAR, with 337 numbered Rules, 224 Exercises, with Referring Numbers. Seventh Edition, 400 pp., 8vo, *cloth boards*, 5s.   KEY to Ditto, 3s.

VAN LAUN (H.) LEÇONS GRADUÉES DE TRADUCTION ET DE LECTURE; or Graduated Lessons in Translation and Reading, with Biographical Sketches, Annotations on History, Geography, Synonyms, and Style, and a Dictionary of Words and Idioms. Second Edition, crown 8vo, cloth, 5s.

────── GRAMMAR OF THE FRENCH LANGUAGE. First Part. Accidence. Crown 8vo, cloth, 2s. 6d.

M. Van Laun is the French Master in the Classical Department of Cheltenham College.

WANOSTROCHT'S GRAMMAR OF THE FRENCH LANGUAGE, with practical exercises, revised and enlarged, by J. C. TARVER, 12mo. roan, 4s.

WELLER (E.) AN IMPROVED DICTIONARY, ENGLISH-FRENCH AND FRENCH-ENGLISH, containing many Technical, Scientific, Legal, Commercial, Naval, and Military Terms. One vol., royal 8vo, 780 pp., cloth, 7s. 6d.

Unquestionably the cheapest French Dictionary extant.